PRÓLOGO POR
PASTORA MARIET PEREZ
MINISTERIO CORAZAN QUEBRANTADO

El Desierto

UN LUGAR DE PREPARACIÓN

LA FORMACIÓN DE LOS HIJOS

El Desierto

Un Lugar de Preparación

La formación de los Hijos

DEBORAH G. HUNTER

Hunter
ENTERTAINMENT
NETWORK

El Desierto: Un lugar de Preparación: La Formación de los Hijos
Copyright © 2014, 2016 por Deborah G. Hunter
Primera Edición: Abril 2014
Traducción Española: Junio 2016

Para ordenar productos, o para cualquier otro tipo de correspondencia:

Hunter Entertainment Network
Colorado Springs, Colorado
Tel. (253) 906-2160
E-mail: contact@hunter-entertainment.com
O consíguenos en el Internet: www.hunterentertainmentnetwork.com
"Ofreciendo el Corazón de Dios a un Mundo Moribundo"

Este libro y todos los demás libros de Hunter Entertainment Network ™, Hunter Heart Publishing™, y Hunter Heart Kids™ están disponibles en librerías Cristianas y distribuidores en todo el mundo.

Editores Principales y Traductoras: Daniel Badillo y Mariet Perez
Diseño de la cubierta del libro: Phil Coles Independent Design
Diseño y logos: Exousia Marketing Group www.exousiamg.com

(Español) ISBN: 978-1-937741-56-3
(Inglés) ISBN: 978-1-937741-73-0
Imprimido en los Estados Unidos de América.

Dedicación

Quiero dedicar este libro y este proceso únicamente a mi Señor y Salvador, Jesucristo. He encontrado que aunque hubieron muchas voces que han vertido en mi vida, dándome amonestación y consejo, y quienes han laborado en oración e intercesión por mí, solo hay UNO que me ha sostenido en la palma de Su mano. Él me mantuvo cuando yo quería que mi vida acabara, Él me cubrió cuando las puertas del Infierno me rodearon, Él me consoló cuando todos me habían abandonado, Él me vengó cuando mis acusadores eran muchos, y él me levantó cuando llegó el momento de poner Sus palabras en mi boca. Él es mi Señor, mi Roca, mi Salvador, mi Redentor, mi Sanador, mi Proveedor, mi Bandera, mi Escudo, mi León, mi Cordero.... ¡ÉL ES DIOS!

En Memoria Cariñosa a Daryl Johnson
(1 de marzo de 1974 - 9 de diciembre de 2013)

Reconocimientos

A lo largo de mi jornada, en los últimos quince años de servicio al Señor, Dios ha colocado estratégicamente a personas en mi vida para alentar, equipar y exhortar ... confortar, castigar y corregir ... enseñar, esforzar, y entrenar ... y para preparar, declarar, y profetizar a mi vida. ¡Cada uno de ellos fue obediente en las temporadas que fueron asignados a mi vida, y estoy eternamente agradecida por todos los que sin aferrarse sintieron sembrar en mi destino, directa o indirectamente!

~Apóstol Steven W. Banks
~Pastores Daryl & Linda Magee
~Pastor Bill Lagerquist
~Kennethea Neal (en los brazos de nuestro Padre Celestial -2008)
~Dr. Dennis Sempebwa
~Pastor Pietro Evangelista
~Dr. Joe Ibojie (en los brazos de nuestro Padre Celestial -2018)
~Hilary Amara
~Pastora Mariet Perez
~Don Nori, Sr. (en los brazos de nuestro Padre Celestial -2018)
~Jana Mitten
~Angie Shields
~Ruby James
~Brenda Mates
~LaShorne Zarlengo (en los brazos de nuestro Padre Celestial -2018)

Recomendaciones

El libro *El Desierto* por Deborah G. Hunter no solo revela un poderoso testimonio de perseverancia y lealtad a Dios sino también desata estrategias del Reino que conducirá al cautivo a su libertad espiritual. Este proyecto sirve como un catalizador divino que ha sido estratégicamente introducido en la atmósfera espiritual para provocar cambios radicales en la vida de cada Creyente. El mismo es un instrumento establecido en esta temporada para conducir a la humidad a un encuentro con Dios. *El Desierto* es un faro de luz y un rio de esperanza para su jornada espiritual!

Autor/Conferencista
Daniel Badillo

"Dr. Dennis, necesito un avance... se siente como si Dios está estirándome." El tono de la voz de Deborah parecía diferente, incluso inestable. A través de los años, habíamos orado por varias crisis y visto la Mano de Dios. Pero algo fue marcadamente diferente acerca de su petición. "Ayuda a tu siervo Señor," susurré. Varias semanas más tarde, volvimos a hablar." Señor, necesito a Dios. Es como si todo el infierno se ha desatado. Mis hijos, mi salud, mi matrimonio, mi iglesia, mi negocio... estoy siendo atacada por todos lados. Incluso mi reputación, que protejo con tanta pasión, está siendo empañada y no importa lo que haga, parece empeorar. Yo estoy buscando a Dios en busca de respuestas, pero incluso él parece estar lejano. Tan loco como suene, aun siento su presencia, pero me parece que no puede ser capaz de sacudir este ataque.

¡Aha... en so, lo sabía! La oscuridad, el frío, el aislamiento, la desolación, las preguntas sin fin... todo típico de un desierto. ¡Deborah estaba en un desierto! Como yo estaba saliendo de uno mismo, yo todavía podía oler el aroma distintivo de dicha vegetación. Le tuve que explicar a mi cansada amiga de que ningún fervor de oración, la duración del ayuno, o la profundidad de la visión Escritural, o profundidad de sabiduría, o el nivel de unción cambiaría su estación. Esto no era una temporada para ser vencer, reprender, por la cual orar o confesar por la salida, sino tener que ser soportada. Deborah tenía que tomar su libreta de notas y con las manos magulladas, hacer la crónica de su jornada. Ella tenía que prepararse para el largo plazo, el eco sin fin de las preguntas, y la amarga angustia de des-aprendizaje que debe de venir de esta temporada de rompimiento. Ella tendría que enfocarse en el fruto—la exuberante rara fruta que sólo crece en el desierto. Este libro es la resultado notable de su brillante viaje.

Después de décadas de digerir simplista, formulista, híper-fe teología que nos enseñan a sólo esperar cosas libres de dolor, libre de estrés, libre de problemas, sin molestias de "patrimonio," agudos observadores pueden ver claramente ahora la devastación espiritual— ¡débiles, con exceso de satisfacción, con lloriqueo, de niños mimados! Muchos de nosotros somos náufragos, porque pensamos que Dios haría lo que queríamos, cuando queríamos, y de la forma en que queríamos. ¡Qué triste engaño! El hecho es que la paciencia, la templanza, carácter, benignidad, bondad, valor, e incluso la fe sólo vienen por medio de la adversidad, retrocesos, y la presión— ¡el desierto! Pablo escribió, "Y no sólo esto, sino que también nos gloriamos en las tribulaciones, sabiendo que la tribulación produce paciencia; y la paciencia, prueba; y la prueba, esperanza;" (Romanos 5:3-4).

EL DESIERTO es una lectura que tienes la cual tienes leer. Es una invitación a abrazar la desconcertante contradicción del quebrantamiento victorioso, el cual forma el crucial lugar de los nacimientos del gran carácter y la verdadera plenitud. Que te cause encontrar aquel lugar de establecimiento personal, mientras que permites al Alfarero hacer de ti esa hermosa vasija que Él tiene en mente hacer.

Dennis D. Sempebwa, Doctorado en Ministerio, PhD.
Presidente y Fundador: Eagle's Wings International
Presidente y CEO: Dominion Consultancy
Dallas, TX
Estados Unidos

A medida que viajamos a lo largo de nuestras vidas, aprendemos varias lecciones dentro de las variadas temporadas con la que nos encontramos. Aprendices de por vida son capaces de capturar las muchas lecciones que encontramos dentro de estas temporadas. Deborah Hunter no sólo ha capturado las temporadas y los tiempos, pero con destreza ha identificado he encontrado a estos lugares a los cuales somos destinados, o los cuales vamos a encontrar. *El Desierto* ha sido bien investigado con una profunda compensación y visión no tan sólo en la geografía Bíblica, pero también en las aplicaciones espirituales de estos lugares dentro de nuestras vidas.

Para mí, personalmente, esto es mucho más que una obra maestra, sirve como un punto de referencia en el que he tenido el honor y el privilegio de celebrar, animar, e incluso llorar con esta increíble autora en los últimos años. La investigación bíblica está documentada, la aplicación espiritual es acertada, pero yo les recomiendo a uno de los corazones más puros que se puedan encontrar. Su amor y compromiso a su madurez espiritual, su familia y su asignación del Reino no sólo se representa en y a través de este libro, pero más importante es que se hace visible en su vida diaria a través de su interacción con personas de distintos trasfondos y distintas partes de la vida.

El Desierto no sólo le inspirará en su jornada, pero le traerá un entendimiento significativo para ayudarle en el proceso de desarrollo de producir hijas e hijos saludables y preparados para el Reino. Estoy encantado de plenamente y de todo corazón apoyar a mi espiritual hija, Deborah Hunter, como una vasija que ha sido y sigue soportando el proceso.

Apóstol Steven W. Banks
Autor, Consultor, Padre Espiritual
Healing the Father-Wound
Atlanta, Georgia

Al abrir las páginas de este libro usted viajará en el profundo campo y la madura revelación de Deborah Hunter.¡PREPÁRATE PARA LIMPIAR! Prepárese para encontrar valiosas preciosas y preciosas, perlas de profunda sabiduría y para caminar por el fuego purificador. Ve y planifique para ser el anfitrión de su fiesta, al salir por el otro lado de "EL DESIERTO.

Este amplio tratado le permitirá descansar y tener confianza a través estas temporadas inevitables de la vida con una profunda apreciación por el proceso, y una estima a nuestro Salvador, como SU PALABRA te conduce hacia la victoria. La Frase "Cambio de vida" es tan usada en exceso, pero para mí, una noche con este libro—produjo un "de repente" efecto de afirmación en mí. Nunca seré igual. ¡Gracias Deborah, por pagar el alto precio que te cualifica para ser una verdadera alentadora!

Ahora, ser un entrenado para la victoria a través de las estrategias divinas que sólo viene a aquellos que han navegado "El DESIERTO" a los pies de Jesús, por cuanto en este libro, Él es la estrella.

Jana Mitten
Líder de Adoración en Solid Rock Church en Cincinnati, OH
Artista Nacional de Grabación, Jana Mitten y The Fire Choir

El Desierto es el lugar en el que, lo más probable, somos capaces de estar en silencio para escuchar la voz de apacible de Dios; es el único lugar en el que nos vemos a nosotros mismos, a otros, y a Dios en sus respectivas maneras. No es de extrañar, cuando se habla acerca de Israel, Dios dijo: "Pero he aquí que yo la atraeré y la llevaré al desierto, y hablaré a su corazón" (Oseas 2:14, NVI). Agradezco a Dios por Deborah que ha sido lo suficientemente valiente como para ser sincera y honesta en hablar de su propia experiencia en tal lugar.

Pastor Pietro Evangelista
Editorial, Evangelista Christian Media Publishing House
Pescara, Italia

"No soy ninguna rebelde... Soy una mujer sometida quien ha atravesado su desierto." ~Deborah G. Hunter

TABLA DE CONTENIDO

PRÓLOGO

Me quedo asombrada de la honestidad, determinación y valentía de Deborah al "Hablar La Verdad y no una verdad," y la majestad con la que ama, no solo a Dios, pero de la vida, y de su integridad la cual se a ganado duramente; mientas comparte los pasos de un viaje por el desierto y que nadie quiere tomar. No siempre tenemos la oportunidad de escoger lo que sucede en nuestras vidas, pero tenemos la oportunidad de crecer en compasión y como resultado obtener sabiduría.

La profetisa Deborah es excepcional!!! Su sabiduría en lo profético es demostrado para que cada lector pueda recibir una compresión de la dimensión profética. Ella posee una increíble riqueza de conocimiento y sabiduría de la Palabra de Dios. Me fascina ver su mente creativa discernir lo que el Espíritu de Dios le dice a las iglesias y moverse hacia adelante valientemente abriendo fronteras para el Reino de Dios. Tengo el privilegio de estar asociada con la profetisa Deborah y ser beneficiada grandemente de sus dones proféticos.

Cada creyente debe poseer una copia de este libro!!! Este manual es realmente un recurso para todo creyente, impartiendo sabiduría, revelación y entendimiento a todos los que están llamados a ser una voz en El Desierto.

Este es un libro precioso, una historia de una jornada difícil en *El Desierto*, lleno de sabiduría y sentimientos.

Pastora Mariet Perez
Ministerio Corazan Quebrantado
New Bern, North Carolina

"El Desierto es el lugar de Preparación para tu Promesa."

~ Deborah G. Hunter

PREFACIO

Cada uno de nosotros fuimos creados con un propósito; con un plan predestinado de parte de nuestro Padre Celestial para llevar a cabo Su voluntad aquí en la Tierra. ¡El simple hecho de que estábamos en la mente de Dios antes de que fuésemos formados en el vientre de nuestra madre… es sin duda, sorprendente! La Palabra de Dios dice en Salmo 8:4, "Digo, ¿Qué es el hombre, para que tengas de él memoria, Y el hijo de hombre, para que lo visites?" David, en este Salmo al Señor, intentó, con su mente natural comprender como, y si, el por qué el Creador del universo tomara tiempo no solo para crear a un pueblo, sino también formar propósito y destino individual dentro de cada uno de ellos. ¿Cuántas veces queremos quitarnos de encima o ignorar nuestra existencia como algo sin importancia o innecesario en el bosquejo de la intención de Dios para esta tierra? ¿Cuántas veces observamos a los demás y vemos la grandeza que poseen adentro y que son destinados con propósito, pero rehusamos observarlo en nuestras propias vidas?

Cuando el Cielo invade a la tierra y propósito intercepta con el destino, el proceso hacia tu promesa comienza. Muchas veces estamos convocados para recibir todo lo que Dios tiene para nosotros; a simplemente creer por fe que podemos obtener lo que declaramos y que todo lo que pedimos en Su nombre, podemos poseer, ¿pero dónde somos enseñados que hay un puente crucial entre la proclamación y la promesa? ¿Cuán a menudo escuchamos que Dios nos quiere prosperar, pero no hay mención del proceso que conllevará el sostener el tipo de prosperidad que Dios desea en y a través de nuestras vidas? Una y otra vez hacemos caso a las voces que nos dicen que podemos ser sanados, ¿pero niegan a recordarnos que el perdón es crítico en la manifestación de esta promesa? ¿Por qué enseñamos la bendición de Dios sin el quebrantamiento? ¿El favor de Dios sin la fidelidad? ¿El éxito sin el sufrimiento? Estamos abandonando todo el consejo del Señor en un esfuerzo para atraer a la gente en el reino de Dios, sino que son, es triste decirlo, causando más daño que bien. La Palabra del Señor es plena e inexplicablemente autosuficiente en su esfuerzo por atraer a los creyentes no sólo por gracia, sino también a través de la Verdad. "Pues la ley por medio de Moisés fue dada, pero la gracia y la verdad vinieron por medio de Jesucristo" (Juan 1:17). Demasiado a menudo, en estos días, deseamos escuchar acerca de la gracia de Dios, pero fracasamos en buscar la verdad de Su Palabra que penetra en nuestros corazones y revela la verdadera naturaleza de lo que somos, de manera que podamos ser transformados. La Biblia dice que es, "viva y eficaz, y más cortante que toda espada de dos filos; y penetra hasta partir el alma y el espíritu, las coyunturas y los tuétanos, y discierne los pensamientos y las intenciones del corazón" (Hebreos 4:12).

Si las personas han de ser renovadas y transformadas, y posteriormente ser posicionadas para su propósito, deben de ser enseñadas a comprender enteramente que el proceso es absolutamente pertinente para ellos recibir la completa promesa de Dios para sus vidas. Para desarrollar al creyente en Cristo, el discípulo del Señor... los hijos de Dios, tenemos que ofrecer la totalidad del consejo de Dios a través de Su Palabra infalible.

No podemos saltar el curso de las pruebas, las dificultades y tribulaciones que seguramente vendrán si queremos llegar a ser todo lo que Dios se ha propuesto para nosotros.

Necesitamos de la carne o llenura de la Palabra que nos rompa, nos define, nos moldee y nos forme. Él es el Alfarero y nosotros somos el barro. Aquellos que evitan esta transformación y se ven a sí mismos como justos se posicionan eventualmente para el fracaso y devastación. Muchos quieren ser usado por Dios, pero rechazan Su obra en sus vidas. Deseamos títulos, posiciones, la riqueza, la notoriedad, la fama, la bendición, y el favor, pero declinamos el permitirle construir el carácter, la integridad y sabiduría que realmente necesitamos para navegar hacia nuestro propósito. Queremos estas "cosas", pero no entendemos que sin el proceso, estas "cosas" se pueden apoderar de nosotros y hacernos caer lejos de Él. Tiene que haber un equilibrio adecuado en nuestras vidas que supla la gracia, o lugar, para que fracasemos, así como la verdad que nos provee responsabilidad o estar a cuentas, estructura y la disciplina para crecer como discípulos, y posteriormente… ser hijos de Dios.

El Desierto

Mi oración es que busquemos, una vez más, la plenitud de Su Palabra y dependamos totalmente del Espíritu Santo que nos conduzca, nos guie, y nos dirija hacia la promesa de Dios para nuestras vidas y para Su Iglesia, Su Reino en la tierra. Esta vida no se trata de nosotros, sino sobre el cumplir enteramente Su propósito a través de nosotros. Si te encuentras en un lugar de gran incertidumbre, un lugar donde te sientes que has servido fielmente a Dios, pero sientes un cierto tipo de "alejamiento," o una posición de estancamiento, soledad, o incluso en oscuridad, entonces puede que estés muy bien en su "Desierto". No luches contra el proceso. Deja que Dios forme Su perfecta voluntad en tu vida, para que te pueda usar para Su gloria.

Capítulo 1
Predestinados con Propósito

"El Desierto de Egipto"
(El Lugar de Tentación)

"Antes que te formase en el vientre te conocí, y antes que nacieses te santifiqué, te di por profeta a las naciones." ~Jeremías 1:5

Quién soy yo? ¿Por qué estoy aquí? ¿Qué tengo que ofrecerle a este mundo? ¿Cómo Dios puede utilizar a una persona hecha un desastre como yo? Estas son las preguntas que la gente se hace tan siquiera una vez en su vida. El alcance de la incertidumbre es excepcionalmente válido y comprensible. ¿Cómo explicar la inmensidad de esta tierra, y ni siquiera hablar de la expansión del Universo, y su papel en el escenario de la vida? Muchos miran a las vidas de otros como importantes y beneficiosas para el crecimiento y expansión de este mundo, pero no pueden ver sus propias vidas como valiosas. Ellos ven a los demás como poseyendo los dones, talentos y habilidades para realmente hacer una diferencia, pero solo se ven a ellos mismos como una migaja en esta jornada la cual llamamos vida. Muchos niños no se han criado para que sepan que tienen un propósito, o que fueron creados para un propósito específico en mente. Con demasiada frecuencia, las generaciones de familias pasan a sus hijos la mentalidad

Deborah G. Hunter

de la "existencia" o de "existir" solamente, a diferencia de vivir la vida con el propósito que Dios predestinó para todos nosotros. Una definición de existir significa vivir una vida de insatisfacción, sin alegría, o monótona, a diferencia de vivir una vida emocionante y significativa; simplemente existir de día en día. ¿Cuántos de nosotros nos encontramos a nosotros mismos en estas palabras? Estamos frustrados y enojados con la mano que se nos otorgó en la vida y nos sentimos como si estamos luchando para encontrar algo mejor; algo que nos pudiera traer alegría y satisfacción. Esta existencia es arbitrariamente perjudicial para la vida de cualquier ser humano. Fuimos creados para la grandeza. Fuimos creados con propósito en mente. Fuimos perfilados por la mano del Creador, cada uno diseñado de forma única por el maestro artesano del universo para dejar una huella y hacer un impacto en este mundo para Él.

Cuando nos fijamos en la vida de José, el niño pastor de ovejas de la tierra de Canaán, vemos una imagen de la alegría. Él era el hijo de la vejez de su padre, y su absoluto favorito. Según la Escritura, Jacob amaba a Josué tanto que le hizo una túnica, una túnica de diversos colores, para mostrar su adoración y favor a su hijo amado. Sus hermanos, obviamente mayores, se observaban viajando a ciudades y pueblos vecinos trabajando para llevar la provisión a sus familias. Pero no tenemos noticias de José viajando con ellos. Siendo el hijo preferido, sin lugar a dudas se mantenía alrededor del establecimiento familiar con su padre Jacob, absorbiendo de la sabiduría, orientación y nutrimiento de este patriarca. Él no tenía deseos de salir con sus hermanos para cazar, recoger y proveer para la familia, pero encontró su propósito en el seno de su amado padre.

El deseo del Señor para nuestras vidas nunca es pequeño; Su voluntad para nosotros es magnífica, y lleva consigo la altura, longitud, el suspiro y la anchura de la eternidad. El quién, qué, cuándo, dónde y cómo de nuestra existencia son meros conductos diseñados para que llevarnos al destino deseado y el sumo plan de Dios para nuestras vidas. José no se veía a sí mismo más allá de la tierra de Canaán. No podía percibirse más allá de la vista en la distancia de las siluetas de sus hermanos cuando se aventuraron fuera del Valle de Hebrón hacia Siquem. La única forma en que Dios podía hacer que él se viera aún más lejos fue silenciando su espíritu mientras reposaba todavía en las profundidades de la noche. Dios invadió sus sueños. El Señor reveló su plan para la vida de José en Génesis 37:5:

"Cierto día José tuvo un sueño y, cuando se lo contó a sus hermanos, éstos le tuvieron más odio todavía."

José no tenía la más remota idea de lo que significaba este sueño. Él estaba simplemente entusiasmado por compartirlo con sus hermanos y su padre. Incluso aun después que las visiones de los sueños se revelaran, y después que sus hermanos lo odiaron y su padre lo reprendió, no hay ninguna mención de José debatiendo con ellos o defendiendo su individualidad o su anonimato de su propia familia. Él todavía no podía ver que Dios lo estaba empujando hacia su destino. Yo recuerdo haber tenido sueños desde que era una niña. Estos no eran sueños ordinarios ni eran meras visiones pasajeras de la noche. Me di cuenta mucho más tarde en mi vida que Dios estaba revelando mi propósito antes de yo haberle conocido. Él me estaba mostrando, de noche en noche, la película profética de mi vida, y todavía estoy en esa bobina de enrollamiento, mientras viajo hacia el cumplimiento de mi destino.

Dios nos conducirá a nuestro "Desierto" para revelarse a nosotros. Él nos lanza a situaciones inoportunas a fin de formar Su carácter en nosotros. Él nos permite conocer a ciertas personas, vivir en ciertas áreas, y trabajar en puestos de trabajo específicos; todo en Su plan divino. Nada en esta vida ocurre por casualidad o coincidencia. Todo tiene un propósito y es una pieza del rompecabezas de tu vida. Nunca descuentes una temporada como no importante o innecesaria; ¡Dios lo utiliza todo! Ya sea bueno o malo, Él organiza cada lección de la vida en sinfonía con Su propósito predestinado para ti. Él tiene las llaves de tu destino a su alcance. No importa lo que veas a tu alrededor; no importa en qué situaciones o circunstancias te estés enfrentando, debes de creer que Él está trabajando todo junto para tu bien, tejiendo las fibras de tu jornada en conjunto con Su plan. Incluso aun las más devastadoras experiencias a lo largo de nuestro camino son utilizadas por el Padre para revelar su gloria en nuestras vidas y por medio de nuestras vidas.

La historia de José es opacada por múltiples instancias de pruebas, luchas y sí, tribulaciones. Uno pensaría que después de las primeras dos

Deborah G. Hunter

a tres situaciones, Dios libraría a José a su propósito, su destino, pero este joven fue sumergido en el fuego de la aflicción. Las aguas profundas abrumaron su existencia. Las tormentas de la vida lo maltrataron y abusaron de él. Pasó de la comodidad de los brazos de su padre a la temporada más oscura de su vida. Sus hermanos lo vendieron como esclavo a los Ismaelitas. La palabra Ismaelita significa "Dios escucha". Agar, en el libro de Génesis, nombró a su hijo de Abraham a Ismael. Dios escuchó el clamor de Agar, escuchó el clamor del corazón de José en la cisterna y por lo tanto, puedes estar seguro de que Él escuchará también el clamor de tu corazón. La Palabra nos dice: "Porque él dijo: No te desampararé, ni te dejaré" (Hebreos 13:5b).

¿Cómo pudo José creer que Dios estaba con él a través del dolor y el disturbio? Sus hermanos lo odiaban, conspiraron para matarlo, lo lanzaron en una cisterna y luego lo vendieron como esclavo. Históricamente, un pozo (o cisterna) se encontraba en medio de un desierto. Fue una prueba dentro de una prueba. Él fue separado de su padre que lo amaba tanto, y no tenía a nadie que se preocupaba por él ... ¿o quizás sí? En los pozos más obscuros, y en los desiertos más fríos de nuestras vidas, el Señor está siempre con nosotros. De hecho, es cuando más cerca vas a estar del Dios de los Cielos en esta tierra. ¿Suena extraño? Es en este lugar de incertidumbre, el lugar desconocido, donde Dios está siempre presente para revelarse a nosotros. El comienzo de José parecía la escena de una película de cine, pero nos damos cuenta que cada paso a lo largo de su recorrido fue trazado por su Padre Celestial. Dios tenía un plan y era mucho más grande que José.

¿Por qué Dios le mostraría una tremenda visión a José sobre él gobernando y reinando sobre un reino, de caminando con poder y autoridad y poseyendo gran riqueza y prosperidad, y luego hacerle pasar por un infierno en la tierra? Dios se ve a lo largo de toda la Palabra revelándose a sí mismo y sus promesas para con Su pueblo, y después llevándolos a través de pruebas, luchas y tribulaciones… su desierto. Dios jamás nos empujará a nuestra promesa sino antes habernos llevado por nuestro proceso. Él sabe lo que necesitamos para poder caminar en pleno poder y autoridad, sin los deseos carnales de la soberbia, la arrogancia y la codicia. Nuestro desierto nos revela quien realmente somos. Es un momento de gran entrenamiento para nosotros, mientras miramos hacia

El Desierto

la promesa que Dios nos ha mostrado. Dios trabaja desde el final de algo hacia su principio. Él trabaja todos los detalles de nuestra vida en el desierto, preparándonos para nuestra tierra prometida.

A través de las experiencias de los Israelitas en el exilio, aprendemos que mientras que el desierto Bíblico es un lugar de peligro, de tentación y caos, es también un lugar para la soledad, la alimentación, y la revelación de Dios. Al enviar a los hijos de Israel de Egipto hacia la Tierra Prometida, Dios tuvo que llevarlos a través del desierto para romper las cadenas de la opresión que los sujetaba. El necesitaba transformar su vieja mentalidad, con el fin de llevarlos a una nueva forma de pensar. Ellos ya no eran esclavos, pero tenían que ser entrenados para verse a sí mismos como Dios los veía. La experiencia o jornada sólo le hubiese tomado once días, pero terminaron por cuarenta años porque no podían verse a sí mismos como libres; puesto que no podían imaginar ver una vida fuera de Egipto. Aun cuando eran libres el Señor proveyó maná y codornices en el desierto, pero se quejaron, y más bien deseaban los puerros, los pepinos y melones de opresión. Los Israelitas querían volver a su antigua forma de vida en Egipto.

El desierto de Egipto se considera el lugar de la tentación, de lujo y la comodidad. Aunque eran esclavos, encontraron que el compromiso del pecado era más fácil de tratar que la misma obediencia y la disciplina estructurada del desierto. Como hijos de Dios, también nosotros somos sacados del mundo (Egipto) y colocados en nuestro camino hacia nuestra promesa por medio de Jesucristo. ¿Cuántas veces nos encontramos con deseos de volver atrás, porque nos parece demasiado difícil vivir esta vida? El papel del desierto de Egipto era de doble naturaleza. Se consideraba un lugar de refugio y a la vez un lugar de opresión; un lugar de donde poder salir, así como un lugar para regresar.

". . . donde permaneció hasta la muerte de Herodes. De este modo se cumplió lo que el Señor había dicho por medio del profeta: «**De Egipto** llamé a mi hijo.»" Mateo 2:15 (Énfasis añadido)

En las Escrituras en el libro de Mateo Dios llama a su Hijo "fuera" de Egipto, pero en dos versículos anteriores, Él había enviado un ángel a alertarlos a "huir a" Egipto.

Deborah G. Hunter

"Cuando ya se habían ido, un ángel del Señor se le apareció en sueños a José y le dijo: «Levántate, toma al niño y a su madre, **y huye a Egipto**. Quédate allí hasta que yo te avise, porque Herodes va a buscar al niño para matarlo.»" Mateo 2:13 (Énfasis añadido)

Hay grandes instrucciones que viene en tiempos de caos y confusión, y mientras nos sometemos a la 'pequeña voz de la conciencia' en nuestro interior, somos otorgados una clarividencia específica y una revelación que nos dirige fuera del peligro y hacia la seguridad. Aunque nos sintamos como si nadie está con nosotros en este lugar oscuro, el Señor está hablando y se está revelando a nosotros a través del Espíritu Santo. Él es nuestro "GPS" espiritual y si le permitimos que guie nuestro caminar y ordene nuestros pasos, Él nos guiará hacia nuestro predestinado propósito. A través de todo lo que José se enfrentó a lo largo de su viaje, desde la cisterna hasta el palacio, el Señor le estaba guiando; Él fue posicionándolo para su promesa por medio de la preparación de la persecución... su desierto.

Yo no entendía lo que Dios estaba haciendo en mi vida durante el proceso inicial. Me sentía como si me hubiera alejado de él y no podía escucharlo como lo solía hacer anteriormente, pero pude entender por Su silencio que el necesitaba que yo confiara en él. Él necesitaba que yo tuviera confianza en mi relación con Él pues Él nunca me dejaría o abandonaría. Este fue un momento de prueba para mí. Fue el lugar de preparación donde estaba siendo entrenada para confiar totalmente en Su soberanía y en Su promesa sobre mi vida. Hay temporadas en nuestras vidas donde el Señor nos permitirá enfrentar la adversidad con el fin de purgar de nosotros nuestras tendencias carnales. Él quiere que nos humillemos y seamos quebrantados delante de Él, para que Él realmente nos utilice para su gloria. José era el hijo favorito de su padre. Realmente no notamos un tono de orgullo o arrogancia en las Escrituras acerca de él, pero para tener un sueño que un día sus hermanos y padres se inclinarían a él sin duda podría haber expuesto una cierta soberbia en la vida de este joven. Estoy segura que no hubo intención alguna de su parte el ir alrededor de sus hermanos frotando su "túnica de muchos colores" en sus rostros porque él era el supuesto favorito de su padre, pero Dios conoce el mal que hay en cada uno de nuestros corazones. No podemos hacer nada para el Señor con orgullo en nuestros corazones. Dios no

El Desierto

puede confiar Su plan en manos de alguien que no entiende que la humildad es el camino hacia el éxito. En tu jornada hacia tu propósito es pertinente reconocer que tú no eres la prioridad; Su voluntad reemplaza cualquier motivo egoísta que puedas evocar por tu propia cuenta.

"¿Acaso no saben que su cuerpo es templo del Espíritu Santo, quien está en ustedes y al que han recibido de parte de Dios? Ustedes no son sus propios dueños; fueron comprados por un precio. Por tanto, honren con su cuerpo a Dios." (1 Corintios 6:19-20)

Con demasiada frecuencia, en lugar de hacer caso a la voz del Señor, nos encontramos volviendo a nuestros propios "Egiptos" porque el camino de la transformación parece demasiado difícil para poder soportar. Nos detenemos o hasta paramos la labor en progreso de Jesucristo en nuestras vidas porque nos sentimos la vida era más fácil antes de que nos convertimos. Esto es realmente un engaño de parte del enemigo de nuestras almas. Dios tiene un magnífico plan para tu vida. Él tiene una promesa para ti que está mucho más allá de tu propia imaginación. No te conformes con tu pasado cuando Dios tiene un futuro de infinitas posibilidades esperándote.

La historia de José da una imagen mucho más detallada sobre el desierto de Egipto y la ambigüedad de su rol. Egipto es un lugar de opresión, así como José fue esclavizado inicialmente y finalmente acabando en una prisión. Egipto es también un lugar de esperanza y refugio por lo que José fue elevado segundo en la tierra. Desde esta posición de gran poder, él es capaz de proveer a su familia un refugio contra el hambre.

Tu desierto no es enviado para destruirte; es permitido para proveerte las herramientas necesarias para sostenerte durante tu proceso, ¡También es un lugar donde Dios prueba, entrena y te libera a cumplir tu destino! El contraste en los roles nos permite la oportunidad de ver el amor supremo de Dios para con nosotros. Él desea bendecirnos y aumentar nuestra capacidad para prosperar. También él nos enseña a humillarnos, para que las cosas no nos consuman y nos alejen de Él.

Egipto también tenía la reputación de ser un lugar de sabiduría, y José apela a esta impresión por pedir que se encontrara a un hombre "prudente y sabio (Genesis 41:33). Por supuesto, José es el hombre que necesitaban, uno de los sabios, los que conocían la forma en que funciona el mundo, tanto en lo divino como en el sentido humano. En el desierto, Dios nos prepara a través de la exposición de los lugares desconocidos. Cuando entramos en el lugar de la oscuridad no podemos ver la luz al final del túnel. Muchas veces la oscuridad de nuestras pruebas nos lleva de vuelta al mundo en busca de respuestas. No siempre tomamos las decisiones correctas, pero cada error que cometemos nos ofrece experiencias y sabiduría para nuestro viaje por delante. José era un joven ingenuo, visto por medio de la luz de sus hermanos; y estoy segura que también por su padre. Haber sido secuestrado por sus hermanos a una edad joven, y arrojado en una cisterna, vendido como esclavo y echado en la cárcel era mucho para un muchacho joven sobrellevar. Pero a través de cada experiencia, Dios estaba impartiendo gran sabiduría en la vida de José. Él estaba siendo preparado para su promesa.

No importa las batallas que estés pasando, no importa las tormentas que puedas estar enfrentando; Dios usará cada situación para moldearte y formarte al hombre o la mujer que Él necesita que seas. La presente situación no es para matarte o destruirte sino fue diseñada para quebrantarte y hacerte de nuevo. Este proceso no se sentirá bien en lo absoluto, pero es necesario a fin de que andes en el propósito predestinado de Dios para tu vida. Puedes hacerlo. ¡Te motivo y aplaudo por ti!

Consejos del Capítulo

#1: Comprender que fuiste creado con propósito en mente.

No naciste en este mundo solamente para existir. Fuiste diseñado por el Creador del Universo con un plan y un propósito en mente. Toda situación de la vida y toda circunstancia forman tu jornada llamada vida. Cada lucha, prueba y tribulación es una pieza de tu predestinado propósito. Estas siendo formado. . .

#2: Dios conoce tu principio desde tu final.

La Biblia dice que pensaron en nosotros mucho antes de haber sido formados en el vientre de nuestra madre. Nos informa que Dios trazó nuestras vidas antes de habernos creado. Que motivación es saber que cuando no entiendo lo que está ocurriendo en mi vida, Él sí lo conoce. Descansa en saber que él te llevará a tu destino; confía en Él.

#3: El proceso es necesario para que puedas alcanzar tu propósito… ¡No te Rindas!

Así como duras formaciones de tierra incrustadas se toman a través del proceso de refinamiento para ser reveladas como impresionante gemas llamadas diamantes, así también estas siendo formado(a) a la misma imagen de Dios Padre. No es fácil ser transformado a algo en el cual no estás acostumbrado. No desprecies tu proceso. ¡Te veo al final, y te pareces a tu Papá!

"Tu palabra es una lámpara a mis pies y una luz para mi sendero." Salmo 119:105

Capítulo 2

Hambre por la Palabra

"El Desierto de Sinaí"
(El Lugar de la Verdad)

"En mi corazón he guardado tus dichos, Para no pecar contra ti."
~Salmo 119:11

Cuando finalmente decidí en mi mente que iba a vivir rectamente para Dios y someter mi vida a Él, me sumergí en la Palabra. Comía, bebía y dormía meditando en las Sagradas Escrituras. No podía satisfacerme de ellas. Me despertaba temprano en la mañana y escudriñaba las páginas que transforman la vida, en el libro inspirado por el Espíritu Santo. En ocasiones, era verdaderamente mi pan de cada día. Ayunaba con frecuencia y me lancé al estudio profundo de la Biblia. Literalmente, mi esposo tenía que quitarme los espejuelos y remover la Biblia y mi libreta de notas de mis manos en medio de la noche, ya que me había quedado dormida mientras estudiaba profundamente. Dios me bendijo enormemente con un trabajo donde podía trabajar en mi propia oficina, permitiéndome el tiempo íntimo y personal para leer y escribir casi incesantemente. No sólo crecí saludablemente en la Palabra de Dios, pero también pude completar mis tres primeros libros mientras que estaba en esta posición. Fue un gran tiempo de intimidad con el Padre.

La Palabra de Dios es el salvavidas de cada creyente. Es la base sobre la cual estamos firmes, el fundamento sobre el cual se establece nuestra fe. Fortalece, motiva y nos equipa para vivir la vida que Dios propuso para nosotros. Provee instrucción, orientación, dirección y revelación. Es verdaderamente el manual de nuestra composición e estructura; el cuaderno de nuestro destino. Sin constante meditación diaria en la Palabra de Dios, somos dejado desnutridos y demacrados. Así como necesitamos alimentos para sostener nuestros cuerpos físicos, nuestro espíritu también necesita su sustento. Nosotros no podemos sobrevivir en un tazón de sopa durante todo un año, por lo que no debemos esperar que la Palabra del año pasado provea para nosotros lo que anteriormente nos proveyó. Josué 1:8 lo articula mejor:

"Nunca se apartará de tu boca este libro de la ley, sino que de día y de noche meditarás en él, para que guardes y hagas conforme a todo lo que en él está escrito; porque entonces harás prosperar tu camino, y todo te saldrá bien."

La Palabra de Dios es viva y tiene aliento de vida. Es tan compleja que un pasaje de la Escritura pudo significar algo completamente diferente para mi pasado, como para mi presente y futuro. Atraviesa el tiempo y el espacio, y deja su huella en el lienzo de nuestras vidas, aunque vivamos en Australia o en Zimbabwe; aunque vivamos en el Siglo II Antes de Cristo o en la actualidad en el Siglo 21. La Palabra no puede ser contenida dentro del velo de nuestras ideologías tradicionalistas o religiosas. Puede llegar a personas de todas las edades, raza, género, clase, cultura, clase económica y estatus social...es universal en su enfoque hacia la humanidad. Nuestras almas anhelan la máxima verdad en un mundo tan incierto. Muchos buscan toda su vida por el sentido de la vida y de su propia existencia aquí en la tierra, pero nunca lo encuentran. Se aventuran en las profundidades de la religión en busca de algo que satisfaga los anhelos de su corazón y de su alma, y se conforman por algo que se siente bien o suena bien, en lugar de lo que ES bueno, y esto es simplemente la verdad de la Palabra de Dios.

El Desierto

El desierto de Sinaí era un lugar donde Dios le reveló la Ley a Su pueblo. Los hijos de Israel acamparon cerca de este monte después de varias paradas en el camino posteriormente al cruzar el Mar Rojo. Era considerado el "lugar de la Verdad." Los Israelitas habían escapado el cautiverio y viajado a través de grandes estaciones de cambios, mientras eran despojados diariamente de la opresión que experimentaron en Egipto. Esto no fue una transición fácil. Habían vivido su vida entera en esclavitud. Era todo lo que conocían; era inherente a ellos. Ser esclavizados y liberados en un día era tremendamente abrumador y desconcertante para estos hombres, mujeres y niños. La propia naturaleza de sumisión era probablemente un punzante recordatorio de la opresión que soportaron bajo el gobierno de Faraón. Resultó ser muy difícil para estas personas enfrentar a un nuevo concepto de la obediencia. Ellos estaban regocijados de ser libres de la esclavitud de Egipto y de su dictador, sin embargo luchaban por aceptar el hecho de que ahora tenían que someterse a Moisés y su Dios. ¿Cuántos de nosotros nos sentimos de la misma forma cuando venimos a Dios? ¿Recuerdas el día que diste tu vida a Cristo? Sabías que necesitabas cambios en tu vida pero debatías sobre el querer renunciar a tus "libertades."

Deseamos la paz, la alegría y la bendición que viene con ser un cristiano pero negamos rendir nuestras vidas y seguir a Jesús. Negamos la Verdad de Su Palabra al anhelar solo los beneficios pero al mismo tiempo rechazar el proceso. El desierto es un lugar de preparación. Los hijos de Israel tuvieron que ser reacondicionados a vivir una vida libre. Tenían que ser entrenados para ser disciplinados a caminar en humildad y reverencia hacia Dios. Lo mismo ocurre con nosotros. Cuando somos sacados fuera del mundo tenemos que aprender a vivir una nueva vida en Cristo Jesús. Nuestros viejos caminos tienen que caer por medio de la Verdad de Su Palabra con respecto a nosotros. Debemos de saturarnos a nosotros mismos todos los días en el agua de las Escrituras, para que por fluyamos con el conocimiento y la sabiduría de nuestro Padre Celestial.

"Cuando saliste, oh Dios, al frente de tu pueblo, cuando a través de los páramos marchaste, la tierra se estremeció, *los cielos se vaciaron, delante de Dios*, el Dios de Sinaí, delante de Dios, el Dios de Israel. Tú, oh Dios, diste abundantes lluvias; reanimaste a tu extenuada herencia. Tu familia se estableció en la tierra que en tu bondad, oh Dios, preparas-

Deborah G. Hunter

te para el pobre. El Señor ha emitido la palabra, y millares de mensajeras la proclaman…" (Samos 98:7-11, énfasis mío)

La Palabra no solo fue establecida para mantenerlos en el desierto sino también iba a ser una base sobre la que ahora vivirían sus vidas con Dios. No fue sólo la verdad sino además fue bueno. Fue y es el estándar moral por el cual debemos de residir. Esta Palabra debe ser la máxima prioridad en nuestra vida cotidiana. Los tiempos están revelando las muchas distracciones y obstáculos diseñados para mantenernos fuera de comunión con la Palabra de Dios. La tecnología ha roto la intimidad no sólo entre los hombres sino también con el Señor. Hacemos que nuestros 'apps' nos envíen diariamente una Escritura con la intención que nos sostenga para el día, pero sin estudiar y meditar en las verdades de esa Palabra, nos queda solo el descubrirlo por nosotros mismos y a menudo, no descubrimos la revelación de esa verdad. Dependemos de otra persona para que nos alimente de la Palabra de Dios y tomamos lo que nos dicen como Verdad aun cuando no lo hemos examinado por nosotros mismos. El engaño es muy amplio en el mundo de hoy y también en la Iglesia. Sabemos que la Palabra nos dice en los últimos días, el engaño crecerá más fuerte y la gente buscará maestros para que les digan lo que quieren oír, en oposición a la Verdad. Necesitamos la legitimidad no adulterada de las Escrituras si es queremos caminar en la voluntad de Dios. Vemos tantos líderes que eligen por comprometer la integridad de la Palabra para complacer al resto del mundo sobre los ideales que nosotros, como cristianos, debemos de creer. ¡Así que es pertinente conocer la Palabra por uno mismo! Si usted está en constante estudio y meditación, usted será capaz de reconocer el engaño cuando se presente frente a ti. Sabemos que en estos últimos días muchos se apartarán de la fe; procura no ser uno de ellos.

Somos introducidos en la Palabra a varios hombres y mujeres de Dios que se destacaron por su conocimiento y sabiduría. Moisés es acreditado por escribir los primeros cinco libros de la Biblia, los libros canónicos se consideran el Torá a los de la fe Judía. Aunque son vistos como la "Ley" de la Escritura, poseen algunas de las verdades más universales y disciplinas necesarias para nuestro crecimiento y madurez en Cristo. Los Diez Mandamientos son probablemente el aspecto más esencial de la Fe cristiana Estas pautas de Dios tienen el propósito de

24

instruir, guiar y dirigirnos en el camino hacia nuestro propósito. Son herramientas de la moralidad que nos protege de la brusca maldad de este mundo. Nuestro Padre nos creó por lo que Él conoce exactamente lo que necesitamos para maniobrar con éxito en todo esta vida y que es totalmente absoluto en Su Palabra para nosotros. Su deseo no es controlarnos, Su deseo es el amor. El amor cubre, el amor protege. Su motivo es simplemente... AMOR.

Otro escritor fenomenal de la Biblia era David. La palabra dice que era "un hombre conforme al corazón de Dios" (1 Samuel 13:14). Sabía la importancia de la ocultar de la Palabra de Dios en su corazón. Se le atribuye haber escrito la mayor parte del libro de los Salmos. A través de las batallas y las intensas luchas de su vida, él sabía que recurrir a las Escrituras. Estas eran el sustento de su alma, medicina a su mente, pan para su vida y fuerza para su espíritu. David entendía que sin la Palabra de Dios él no podía vivir; él no tenía nada sin la esencia viviente, la expresión viva de Dios mismo.

Hoy en día muchas personas en los círculos cristianos no mantienen la Palabra de Dios como la mayor prioridad. Algunos sienten que tienen en su interior suficiente Palabra para sustentarlos toda su vida, mientras que otros se están alejando lejos de la fundación de las enseñanzas bíblicas. Han llegado a la conclusión de que "no hace falta mucho" o "no toma mucho" vivir para Dios o para ir al Cielo, por lo que muchos de han descuidado el estudio diario de la Palabra de Dios, así como la oración y la comunión en el entorno de la Iglesia. Así que muchos creyentes están luchando en todas las áreas de sus vidas porque han abandonado las verdades fundamentales de la Biblia. Cuando abandonamos el alimento diario de la Palabra de Dios, llegamos a ser débiles en nuestra mentalidad, en nuestro cuerpo, alma y espíritu. La Palabra dice en Marcos 12:30:

"Y amarás al Señor tu Dios con todo tu corazón, y con toda tu alma, y con toda tu mente y con todas tus fuerzas. Este es el principal mandamiento."

No seremos capaces de amar al Señor de esta manera si no mantenemos una comunión constante con la Palabra de Dios inspirada por el

Deborah G. Hunter

Espíritu Santo. Nosotros decimos que lo amamos, pero él dijo que si lo amamos, guardaríamos sus mandamientos; Su Palabra (Juan 14:15). Con demasiada frecuencia sentimos que tenemos las respuestas a la vida y que no necesitamos leer cada día o incluso cada semana. Como hemos mencionados anteriormente, la Palabra de Dios no sólo nos nutre físicamente, emocionalmente, mentalmente y espiritualmente, pero también infunde nuestra relación con nuestro Padre. Se desarrolla una intimidad con el Único que nos ha creado. ¡Produce una pasión y celo en nuestro interior que es innegable!

Cuando escondemos la Palabra en nuestros corazones, así como David lo expresó tan elocuentemente y apasionadamente en el Salmo, tenemos poder sustentador cuando entramos en situaciones de la vida que son turbulentas y caóticas. Dios nos prepara en la Palabra para cada prueba, adversidad y tribulación que podamos enfrentar en esta vida. ¡Su Palabra está llena de sabiduría, de conocimiento, comprensión, poder y autoridad...VIDA!

Recuerdo ser impulsada a mi desierto y no entender lo que estaba tomando lugar. Yo no podía entender lo que Dios estaba haciendo pero tenía las Escrituras incrustadas en mi corazón, estaban tan profundamente arraigadas que cuando me sentí como si yo no podía ver, oír o sentir a Dios, eran todo lo que tenía. Empecé a soltar la Palabra fuera de mi espíritu. Clamaba al Señor y le recordaba las Escrituras en mi corazón. Esto me proporcionó gran alivio y fuerza durante algunos de los momentos más oscuros de mi vida.

La palabra arraigado tiene varios significados; un significado es trabajarse en o entre la superficie, poros, o fibras de algo y que es muy difícil de remover. Otra definición es ser establecido a lo largo o ser confirmado en un hábito o práctica. Ambas definiciones son excelentes ejemplos de cómo Dios quiere plantar firmemente la Palabra de Dios en nuestros corazones: en o entre la superficie, poros, o fibras de nuestro ser, en nuestros hábitos y prácticas. Cuando estudiamos la formación de rocas u otras formaciones sólidas, vemos la capa y las capas de material mezclado a lo largo de la roca. A partir de los años siendo formadas, las partículas son incrustadas profundamente dentro de los recesos de esta formación. Esto es una alegoría que podemos relacionar con la vida cristiana, y cómo la Palabra debe ser tan profundamente arraigada en nuestras vidas que sería extremadamente difícil de remover durante tiempos difíciles. La segunda definición nos muestra que debe convertirse en un hábito, o una práctica habitual en nuestra vida cotidiana. Los estudios dicen que cualquier cosa hecha consistentemente por un período de diecisiete días se convierte automáticamente un hábito. Tenemos que proponernos en nuestros corazones para hacer un hábito diario de leer, estudiar, meditar y escudriñar las Escrituras. Tenemos que escondernos dentro de la seguridad de las páginas de este trabajo eterno. Veamos al libro de Juan:

"Yo soy la vid, vosotros los pámpanos; el que permanece en mí, y yo en él, éste lleva mucho fruto; porque separados de mí nada podéis hacer. El que en mí no permanece, será echado fuera como pámpano, y se secará; y los recogen, y los echan en el fuego, y arden. Si permanecéis en mí, y mis palabras permanecen en vosotros, pedid todo lo que queréis, y os será hecho. En esto es glorificado mi Padre, en que llevéis mucho fruto, y seáis así mis discípulos." (Juan 15:5-8)

Si aceptamos o vivimos dentro de los confines de la Palabra de Dios, y la hacemos nuestro escondite, entonces Dios dice que vamos a dar mucho fruto y seremos considerados discípulos. Ya no podemos rascar la superficie de la Escritura y esperar un nivel más profundo de intimidad y de la unción de Dios. Seguramente Dios no es un Dios microondas o una venta servi-carro donde se puede obtener una bendición en cinco minutos o menos. Tenemos que hacer esto un estilo de vida. Deberíamos estar tan consumidos por la Palabra de Dios que se convierte en una parte de lo que somos en nuestra vida cotidiana. Debe ser la brújula por la cual se ordena cada uno de nuestros pasos. Cada decisión, no importa cuán grande o pequeña, debe ser examinada por medio de las Escrituras, por lo que sabremos lo que Dios dice al respecto de la misma. Muy a menudo, hacemos decisiones apresuradas basadas en nuestros propios deseos o conocimientos, o buscamos asesoramiento y el consejo de alguien antes de ir primeramente al Señor. El asesoramiento y el consejo no son malos en sí mismos, pero si no está alineado con la Palabra de Dios, debes de descartarlos y llegar al lugar donde hay respuestas para tu vida. Dios nos quiere tan íntimamente conectados con la Palabra por la cual escucharemos su voz a través de ella. La Palabra de Dios escrita se

Deborah G. Hunter

llama el logos de la Palabra. Es todo el contenido de la Escritura escrita por los santos hombres de Dios, inspirados por el Espíritu Santo. Para un poco más profundo, Jesús mismo se considera la Palabra o Logos. Él es la marca o filigrana en las páginas de la Biblia. Él es el significado detrás de cada palabra escrita en cada folio de este Libro. Nada en esta Palabra existe fuera de Él. Su huella digital está claramente marcada sobre ella; Su ADN se entrelaza en todas partes. No podemos separarlo a él de Su Palabra; ¡Él es la Palabra!

"En el principio era el Verbo, y el Verbo era con Dios, y el Verbo era Dios. Este era en el principio con Dios. Todas las cosas por él fueron hechas, y sin él nada de lo que ha sido hecho, fue hecho." (Juan 1:1-3)

Las respuestas a nuestra vida se encuentran en Jesús, la Palabra. Su carácter, Su naturaleza, Su Espíritu es lo que estamos tratando de imitar. Queremos ser encontrados pareciéndonos a Su aspecto, actuando como Él, hablando como Él, andando como Él... viviendo como Jesús. Esto sólo puede suceder cuando sumergimos nuestros corazones en la Palabra de Dios. Tenemos el mayor ejemplo delante de nosotros. Aunque Él es la Palabra, el mismo Jesús, viviendo en su cuerpo de carne se encontró estudiando las Escrituras en una muy edad temprana. ¿Por qué tuvo que hacerlo si Él era considerado la Palabra? ¿Qué necesidad tendría él con leer algo que él mismo era? Aunque Él era Dios en la carne, Él todavía tenía que lidiar con su existencia natural aquí en esta tierra. Él estaba requerido a obedecer las leyes de esta esfera en su cuerpo terrenal. La Biblia dice que fue encontrado en el templo con los eruditos o doctos ensayando las Escrituras. La sabiduría y la visión que este joven poseía asombraban aun a los de más astuto carácter, experiencia y agudeza religiosa. Se sentaron atónitos sin palabras por cuanto la comprensión de Jesús y respuestas a la Palabra superaban sus doce años en esta tierra. Si nuestro Señor tuvo que sumergirse en las escrituras, ¿cuánto más nosotros? Es un estilo de vida de lectura, de estudio y de meditación que nos prepara para las pruebas, luchas y tribulaciones que nos enfrentaremos en nuestra jornada. Él estaba siendo preparado para su desierto aquí en la tierra.

Vemos en las Escrituras que él se quedó atrás en Jerusalén mientras su padre, madre y su familia comenzaron el viaje de vuelta a su casa.

El Desierto

Aunque su Espíritu anhelaba la Palabra y el tener tiempo en la presencia de aquellos con gran sabiduría, Jesús descuidó su posición terrenal. Aunque él era Dios en la carne, Él todavía estaba obligado a cumplir con sus responsabilidades terrenales; una era la obediencia. Cuando María y José habían viajado un día de camino, se dieron cuenta de que su hijo no estaba entre ellos. Ellos inmediatamente se aventuraron de nuevo hacia Jerusalén en busca de él. Después tres días, finalmente lo encontraron en el templo. Su respuesta fue una en la que es muy normal para cualquier padre cuyo hijo ha tomado sobre sí mismo el hacer su propia voluntad. Echemos un vistazo:

"Cuando lo vieron, se sorprendieron. Su madre le dijo: - Hijo, ¿Por qué nos has hecho esto? Tu padre y yo te hemos buscado con angustia." (Lucas 2:28)

Estaban genuinamente preocupados, así como molestos que él se encargara a sí mismo a la edad de doce años quedarse sin su familia y entre personas él desconocía. Sé que yo estaría muy molesta si alguno de mis hijos decidiera hacer lo que hizo Jesús; es sólo el instinto paternal el querer proteger a tus hijos. La respuesta de Jesús fue audaz, en lo mejor de los casos, a la luz del hecho de que él estaba en desobediencia a sus padres terrenales.

"Entonces él les dijo: ¿Por qué me buscabais? ¿No sabíais que en los negocios de mi Padre me es necesario estar?"

Ahora, si alguno de mis hijos eligiera hablarme de esta manera o a su padre, sin duda habrá consecuencias, así como debe de ser. El siguiente versículo revela el orden y la dirección de Dios para todos nosotros.

"Y descendió con ellos, y volvió a Nazaret, y estaba sujeto a ellos. Y su madre guardaba todas estas cosas en su corazón."

Aunque él era Dios, él todavía tenía que obedecer los personas superiores de liderazgo terrenal; él no podía desafiar a los principios de la tierra, simplemente porque él es Dios. Dios iría en contra de sí mismo; Su Palabra. Jesús tuvo que enfrentar las consecuencias de Su desobediencia a sus padres. Esto fue parte de su preparación.

Deborah G. Hunter

"Y aunque era Hijo, por lo que padeció aprendió la obediencia;" (Hebreos 5:8)

Así que debemos todos de aprender a obedecer a Dios mientras vamos en nuestra jornada hacia nuestra Tierra Prometida. Estamos siendo formados a su imagen y semejanza. Desde la edad de doce años a los treinta y tres, Jesús estaba siendo preparado para su asignación. No escuchamos de ninguna batalla real concerniente a él hasta que fue enviado al ministerio a la edad de treinta y tres años. No basta decir que si Él se encontró en el templo a la edad de doce años con los eruditos estudiando y meditando en la Palabra, entonces podemos también asumir que continuó en las Escrituras y en la oración en toda su adolescencia y en su vida adulta. Fue absolutamente una parte necesaria de su proceso de preparación para Su promesa. Todavía luchaba con la carne, y tuvo que ser enseñado y entrenado a caminar de acuerdo a la voluntad de Dios, con el fin de cumplir con su trabajo en esta tierra. No podemos omitir el proceso y DEBEMOS tener la Palabra de Dios en el centro de todo.

Vemos la flagrante desobediencia actuada por los hijos de Israel después de que fueron sacados de Egipto. Su primera parada después de haber pasado sobre tierra seca a través del Mar Rojo fue el "Desierto de Pecado." Ellos habían estado bajo este régimen opresivo toda su vida y aunque fueron golpeados para fuesen sumisos y obedientes, sus mentes estaban aún más lejos de rendir reverencia absoluta a sus amos. Su odio y desprecio por haber estado años en esclavitud mantenían a los Israelitas en un constante estado de ira y rebelión. Cualquier posibilidad de "ir contra la corriente" lo tomaban pero no sin un costo o una consecuencia. Cuando finalmente tuvieron su oportunidad a la libertad, la verdadera autonomía, no sabían cómo recibirla. Se rebelaron, murmuraban y se quejaban en cada sendero o cruce de caminos. Aunque Dios estaba supliendo maná en el desierto, no fue suficiente para ellos. El "pan" de cada día que estaban recibiendo se convirtió rancio para ellos y por lo tanto deseaban volver de nuevo a Egipto, a la esclavitud, porque sentían que serían alimentados mejor allá. Estaban dispuestos a renunciar a su libertad, su Tierra Prometida, para volver a lo que les era cómodo, o lo que alimentaba sus necesidades carnales, en lugar del Pan de Vida que sostendría su espíritu, su alma, su mente y cuerpo.

El Desierto

No pienses ni por un momento que el mundo tiene algo que ofrecerte ahora que estas en Cristo. Cuando usted tiene hambre y sed de Él, de Su justicia, Él te llenará a hasta que reboses. Tú serás saciado con Su pan de cada día y no codiciarás ni desearás el pan de otro. Este es el lugar que Dios desea para usted; estar tan contento con su Palabra y sus caminos que serás transformado a Su imagen. Dios nos lleva al desierto para causar que dependamos totalmente de Él y de solo Él. Este es un lugar de intimidad como ningún otro. Es sólo usted y Dios, caminando a través de los lugares secos de tu pasado y siendo rociado por la Palabra en tu interior. Estas despojándote del viejo estilo de vida y vistiéndote de lo nuevo de tu relación con el Señor.

Recuerdo tan claramente esta ocasión en mi "desierto." Me sentí como si la Palabra de Dios fue despojada de mi vida. Yo no podía entender lo que me estaba pasando, y en un momento pensé que había perdido en realidad mi salvación. Pensé que había hecho algo tan malo contra Dios que él se ausentó de mi vida, que Él me dejó. Esto no era Bíblico, como dice la Palabra: "Él nunca nos dejará ni nos abandonará" (Deuteronomio 31:6). Pero se sentía como si Él seguramente me había dejado. Yo estaba sola "por mí misma" en este lugar seco para buscar lo que estaba dentro de mí. Los muchos años de haber alimentado mi corazón las Escrituras no fueron en vano. Esto probó ser absolutamente pertinente para mi jornada a través de mi desierto. Tuve que alentarme mí misma en la Palabra, como lo hizo David. Si yo no hubiera conocido la Palabra de Dios, yo pudiera haber pasado muchos años vagando en este lugar, pero esta no es la intención o el propósito de Dios para el desierto. El desierto no es su destino; ¡es una puerta a la Tierra Prometida! Mantén la Palabra cerca, siempre delante de ti, para que le permitas guiarte fuera de esta temporada y te conduzca a la siguiente temporada.

La Biblia dice que llegará un tiempo en que esta Palabra tiene que ser tan escondida dentro de nuestros corazones a causa de la falta de darse a conocer dentro de la tierra. No la tomes por sentado, ya que no estará con nosotros por mucho más tiempo. Muchas naciones en todo el mundo están prohibiendo la Biblia y no están permitiendo cualquier tipo de comunión Bíblica en las iglesias o en los hogares. Pero todos los días hay algunos que están sacrificando sus vidas para leer esta preciosa

Deborah G. Hunter

Palabra que muchos en el mundo Oeste están tomando por sentado o es de poca consideración.

"He aquí vienen días, dice Jehová el Señor, en los cuales enviaré hambre a la tierra, no hambre de pan, ni sed de agua, sino de oír la palabra de Jehová." (Amós 8:11)

Debemos de permitir que el proceso de su Palabra nos transforme y nos prepare para todo lo que Él tiene para nosotros. Nuestro Padre sabe lo que necesitamos y también conoce la hora exacta y la temporada en nuestras vidas cuando podemos recibir, con madurez, las cosas que Él ha preparado para nosotros. Sea paciente y resiste hasta el final. Mantén Su Palabra como tu fundamento inquebrantable y Él te guiará por las sendas que Él ha predestinado para ti.

Consejos del Capítulo

#4: La Palabra de Dios es lo único verdadero que te puede sostener en tu desierto.

Dios nos envía al desierto a fin de que crezcamos y maduremos en sus caminos. El extrae las viejas maneras de pensar y nos impregna con la Palabra viva de Dios cual previene e evita que tropecemos y caigamos. Es el pan que sustenta nuestra vida; no podemos vivir sin la Palabra de Dios.

#5: Esconde la Palabra en tu corazón.

Pruebas y tribulaciones de seguro vendrán. Mientras escondas la Palabra de Dios en su corazón, aun cuando se acerquen tiempos difíciles, surgirá como pozos llenos de agua declarando a tu atmósfera. ¡Habla la Palabra y verás cambiar situación!

#6: El Logos frente al Rema de la Palabra de Dios.

Mientras usted se compromete a un estilo de vida de lectura, el estudio y meditación sobre lo que está escrito (Logos) en la Palabra, usted comenzará a escuchar Su voz (Rema). Yo no sé de usted, ¡pero yo necesito escuchar la voz de mi Padre!

#7: Dios no puede ir en contra de Su Palabra; Jesús es la realización de la Escritura.

La Biblia dice: "Y aunque era Hijo, por lo que padeció aprendió obediencia" (Hebreos 5:8). Todo el mundo tiene

Deborah G. Hunter

que ir a través de su propio proceso de preparación si vamos a llegar a nuestro destino; nuestra Promesa. Jesús no fue diferente a ti y a mí en la tierra. Él tuvo que someterse y así debemos hacerlo nosotros. La obediencia es un aspecto crucial de nuestro crecimiento y madurez, y debemos de practicarla en todo momento. El desierto es un lugar donde la obediencia es puesta a pruebas. Sal con tu tarjeta sellada, "¡Aprobada!"

"He hallado a David hijo de Isaí, varón conforme a mi corazón, quien hará todo lo que yo quiero."
Hechos 13:22b

Capítulo 3
El corazón del Siervo

"El Desierto de Zif"
(El Lugar de Ungimiento)

"Jehová se ha buscado varón según su corazón…"
~1 Samuel 13:14a

En el principio, la intención de Dios para el hombre era tener un pueblo con el cual Él pudiera caminar, hablar y convivir diariamente; libre de obstáculos y separación. Su corazón anhelaba comunión con su creación sin ininterrupciones en lo fresco del día, mientras que caminaban al lado del otro en el Jardín. Adán fue el hombre creado según el corazón de Dios; a su imagen y en su semejanza. Nada bloqueó el fluir entre el Creador y la creación, hasta que el hombre desobedeció a Dios y comió del árbol prohibido por Él; el árbol de la ciencia del bien y el mal. Adán poseía toda sabiduría. Se le dio autoridad sobre todas las criaturas de la tierra, nombrándolas a todas en su totalidad. ¿Por qué iba a necesitar o querer algo más? Lo tenía todo.

Muchas veces, aunque Dios nos ha dado todo lo que deseamos, de alguna manera nos encontramos en busca de algo más. Vimos a los hijos

Deborah G. Hunter

de Israel ser librados de la mano de Faraón y llevados hacia su Tierra Prometida, sólo para encontrarse quejándose que querían volver a lo "familiar" porque parecía mejor que hacia donde se dirigían. Su libertador, Moisés, lo tenía todo según visto por la mayoría, pero algo faltaba. Mientras se enteró de su verdadera identidad como un hebreo, la compasión aumentó en su corazón por su pueblo. En su esfuerzo por llegar al rescate de uno de su pueblo siendo golpeado por un soldado egipcio, Moisés se encontró de nuevo en el otro lado de las vías. Él no podía confrontar en quien él se había convertido, por lo que huyó al desierto para escapar del tormento en su mente. Los desiertos son lugares muy secos, muy similares a lugares despoblados. Son en estos "lugares secos" donde Dios nos despoja de todo lo que "es uno" y comienza a formar en nosotros un corazón que busca poner a otros primero; un corazón para servir. Después de su temporada de purificación en su "desierto," Moisés salió con el corazón de un siervo. El surgió resuelto con un solo propósito e enfoque en liberar a su pueblo de la mano fuerte del Faraón. Su deseo no era el reino que había rechazado y todas las riquezas con la cual creció siendo el hijo del hombre más rico de Egipto, sino rehusó todo para servir a su Dios y su pueblo. Su acto desinteresado de amor reveló mucho sobre el hombre llamado Moisés. Se puede comparar al amor de nuestro Señor y Salvador, Jesucristo, quien dio su propia vida para que podamos vivir eternamente con Él en el Cielo. Un verdadero siervo de Dios. ¡Qué amor!

Cuando rendimos nuestras vidas al Señor, ya nos pertenecemos a nosotros mismos. Intercambiamos nuestras pasadas vidas por la nueva vida que se nos ha dado en Cristo Jesús. Debemos de rendir no sólo nuestras vidas sino también nuestra voluntad; el deseo de hacer lo que elegimos, y de pensar sólo en nosotros mismos y en lo que necesitamos y queremos. Al comenzar a leer la Palabra de Dios, nuestros corazones son transformados y nuestras mentes se renuevan para pensar como Jesús; eventualmente, nuestras vidas debe de reflejar y mostrar la Palabra viva de Dios.

"Y no os conforméis a este siglo; mas reformaos por la renovación de vuestro entendimiento, para que experimentéis cuál sea la buena voluntad de Dios, agradable y perfecta." (Romanos 12:2)

El Desierto

Desde muy temprano puse mi vida en las manos del Padre en mi caminar con él. No estoy muy segura de por qué sucedió tan rápido, pero soporté tanto a una edad temprana que el verdadero amor ágape de Dios capturó mi corazón y me rendí totalmente al Señor. Dios comenzó a revelar su corazón hacia mí y lo puso en mí. ¡Mi amor por Él y por la gente comenzó a aumentar y subir por las nubes! Sus deseos se convirtieron en mis deseos; ya no trataba de mí misma sino de su perfecta voluntad trabajando en mí y a través de mí. Este es el plan de Dios para todos nosotros; para vivir y moverse a través de cada uno de nosotros para alcanzar a un mundo perdido y moribundo. ¿Estás dispuesto a rendirlo todo para él y para los demás? ¿Estas usted dispuesto a soportar el "desierto" con el fin de cumplir con Su plan para tu vida? La verdadera satisfacción en la vida solamente vendrá a través de la entrega total al Padre, el Creador del Universo. Su deseo es que cada uno de nosotros camine en su imagen y semejanza y que llevemos su misma naturaleza. Esto sólo puede suceder por medio de la transformación... en nuestro "desierto".

Un hombre conocido como el hombre conforme al corazón de Dios, cs David, cl hijo dc Isaí de Belén, es el epítome de la sumisión en la Palabra de Dios. David entró en escena en 1 Samuel Capítulo 16 tendiendo a las ovejas de su padre, un niño pastor que tenía un corazón para sus ovejas. Él no contó por robo el servir a su padre de esta manera; él era verdaderamente un hombre conforme al corazón de Dios. Mientras David maduraba, él fue buscado por el Espíritu de Dios.

"Y Jehová respondió a Samuel: No mires a su parecer, ni a lo grande de su estatura, porque yo lo desecho; porque Jehová mira no lo que el hombre mira; pues que el hombre mira lo que está delante de sus ojos, más Jehová mira el corazón." (1 Samuel 16:11)

Cuando eres "encontrado" sirviendo, el Señor te buscará para Sus propósitos. David no estaba buscando reconocimiento, él estaba sirviendo fielmente porque tenía un "corazón de siervo." Cuando empezó a servir a Saúl, el rey, el Señor comenzó a revelar más y más el carácter, la lealtad y la obediencia de este joven pastor. Él tenía el favor de Dios sobre su vida, y este favor se revelaba en todos los aspectos de la misma. Él no sólo fue a la guerra y derrotó a todos los ejércitos que se le venían

Deborah G. Hunter

contra él, sino que también, en el tiempo de inactividad de la guerra, sirvió a Saúl tocando el arpa para aquietar su espíritu. La Palabra de Dios nos dice que cada vez que un espíritu malo del Señor venia sobre Saúl, él llamaba a David para que tocara el arpa... un "corazón de siervo." Después de una temporada, David comenzó a ser reconocido no sólo por los hombres con que fue a la guerra, sino también por las mujeres en los campamentos que comenzaron a cantar canciones en honor a sus victorias.

"Y cantaban las mujeres que danzaban, y decían: Saúl hirió a sus miles, Y David a sus diez miles. Y se enojó Saúl en gran manera, y le desagradó este dicho, y dijo: A David dieron diez miles, y a mí miles; no le falta más que el reino. Y desde aquel día Saúl no miró con buenos ojos a David." (1 Samuel 18:7-9)

No importaba cuán enojado estaba Saúl contra David, el continuó sirviendo a su amo con lealtad y respeto. Saúl arrojó la lanza tras lanza en su dirección, pero cada vez, David escapó. Saúl lo temía muchísimo porque el Señor estaba con David, pero esto no impidió a Saúl el continuar intentando de matar a este fiel servidor. Pero cada vez David mantenía su compostura y continuó sirviendo a este hombre que le odiaba; y fielmente siguió su destino. ¿Qué clase de hombre era este? ¿Qué hombre se mantiene pacífico y permite que alguien atrevidamente intente de matarlo? ¿Qué clase de hombre persiste con amor, con compasión, con lealtad y servicio en frente del odio? Vemos la sombra, o tipo, de Jesucristo en la vida del siervo David. No es de extrañar que veamos a nuestro Señor y Salvador ser descendiente del linaje de David, un humilde siervo que puso su vida para servir a los demás con humildad y reverencia.

"Y David se conducía prudentemente en todos sus asuntos, y Jehová estaba con él." (1 Samuel 18:14)

¿Cuántas veces nos encontramos deseando vengarnos a nosotros mismos ante los que nos atacan sin alguna razón aparente? Una y otra vez vemos a muchos que consideran necesario el hablar para que todo el mundo esté al tanto que son inocentes, y la adversidad que viene en contra de ellos son infundadas. Esto es razonable, ¿no? Bueno, en la

40

El Desierto

Palabra de Dios, vemos frecuentemente donde el Señor dice lo contrario. La Biblia nos amonesta a soportar todas las tentaciones y que nos abstengamos de toda preocupación, de quejarse y buscar justicia de aquellos que erróneamente nos acusan. De hecho, la Palabra nos dice literalmente, "preséntale también la otra mejilla" (Lucas 6:29). En otras palabras, deja que ellos te acusen; deja que ellos te persigan.

"Acordaos de la palabra que os he dicho: El siervo no es mayor que su señor. Si a mí me han perseguido, también a vosotros os perseguirán..." (John 15:20a)

Pasé por una temporada muy similar a la del patriarca David. Mi desierto resultó ser un momento de gran prueba y crecimiento. No puedo decir que tomé el camino noble igual que este siervo; quería gritar a los cuatro vientos que estaba siendo tratada injustamente y falsamente acusada. Fui al más allá, tratando de reivindicarme a mí misma pero descubrí que nadie estaba escuchando. Me di cuenta de que me estaba haciendo daño a mí misma, mientras más buscaba el obtener justicia por la persecución que estaba enfrentando. Dios inmediatamente me reprendió y me ordenó que soportara. Él me llamó a humillarme y a seguir caminando en honestidad, en integridad y sí, en sumisión a Su voluntad para mi vida. Yo no entendía en ese momento lo que el Señor estaba haciendo, pero cuando ahora miro hacia atrás, Él me estaba preparando en el vestíbulo de mi desierto. Esta fue la puerta de entrada hacia la santidad en Cristo Jesús. Nuestro Señor mantuvo la boca cerrada mientras soportaba el odio y las mentiras de los que se suponían que eran de la jerarquía religiosa. Jesús continuó sirviendo a los que les rodeaban, incluso en medio del dolor y la parodia de la persecución... un corazón de siervo.

Esto era realmente una de las cosas más difíciles que tuve que aprender cuando Dios me llevó a través de mi desierto. Siempre he amado fuertemente y servido a aquellos que me rodean pero esta temporada demostró ser muy difícil para mí. Hablaban acerca de mí, mentían sobre mí, fui utilizada, fui burlada y absoluta ignorada en algunos casos por aquellos que yo consideraba mis hermanos y hermanas en Cristo. Cuanto menos, esto fue devastador para mí. Sólo quería correr lo más lejos que pudiera, pero el Señor encomendó a que me sometiera y sirviera sin

Deborah G. Hunter

vacilación. Estas fueron sus palabras para mí, "Te humillarás y servirás fielmente en esta casa hasta que yo te libere. Te sentarás donde yo diga que te sientas y levantarás tus manos en alabanza y adoración en medio de esta persecución. Vas a ayunar, orar, cubrir e interceder por aquellos que te están utilizando y que están mintiendo acerca de ti, y los amaras así como yo te he amado." Esta era absolutamente la más amorosa corrección pero también la más difícil que jamás había recibido; se trataba de un cambio en mi vida cual abrió mis ojos a lo que es verdaderamente una vida de servicio y humildad. Yo sabía que no se trataba de mí, que al final, era para los propósitos de Dios. Aprendí a realmente a vivir la Palabra de Dios, no sólo hablarla. Empecé a amar a mis enemigos, a orar por los que me acosaban y que intencionalmente me utilizaban, y a bendecir aquellos cuyo único deseo era el maldecirme. Mi carnalidad poco a poco se estaba desprendiendo y el Señor estaba construyendo mis músculos espirituales.

Así fue como David fue capaz de operar en un puro poder y autoridad, a través de su sumisión y obediencia al Señor en el medio de su desierto. El desierto más notable que escuchamos en la historia de David es el "Desierto de Zif," que se traduce "fluir" o el "lugar de la unción". A pesar de que se enfrentaba a la muerte casi todos los días, David tenía el Espíritu del Señor sobre su vida. Debido a su humildad, sumisión y obediencia, David tenía una innegable unción desbordante a través de él. En cada intervalo, David hizo un voto de no tocar su rey, su líder. Él prometió que nunca pondría una mano sobre Saúl.

"Y David se quedó en el desierto en lugares fuertes, y habitaba en un monte en el desierto de Zif; y lo buscaba Saúl todos los días, pero Dios no lo entregó en sus manos." (1 Samuel 23:14)

¿Cuántas veces nos sentimos como "apoderando" a nuestros enemigos? Más frecuente que nunca nuestra carne se apodera y nuestro primer instinto es gritar a los cielos que el trato que estamos recibiendo es injusto, o que somos completamente inocentes de los ataques verbales de los demás. ¿Con qué frecuencia somos rápidos para vengarnos a nosotros mismos en lugar de permitir que la gloria de Dios triunfe sobre nuestros sentimientos temporales de frustración? El corazón de un verdadero siervo/sierva somete sus sentimientos al Señor y pone Su

42

El Desierto

voluntad por encima de los suyos. Un hijo sometido a Dios quiere que Su propósito se manifieste a través de él o ella, no importando la persecución que se levante en contra de ellos. A medida que crecemos en Cristo, su voluntad se convierte en nuestra voluntad, Sus planes se convierten en nuestros planes y Su corazón se convierte en nuestro corazón. En este punto de nuestro caminar con Dios, debemos de permitir que la voluntad de Dios anule cualquier y todas las ideas desinteresadas de retribución. Aprende de sus caminos y estudie su Palabra, para que puedas alinearte con Su promesa sobre su vida.

"Guíame por la senda de tus mandamientos, Porque en ella tengo mi voluntad." (Salmo 119:35)

Dios me llamó una y otra vez a mantener la boca cerrada y mis manos limpias de confusión. No fue fácil, y me gustaría poder decirle que he pasé todas las pruebas, pero definitivamente fallé algunas. Aprendí mucho acerca del Señor y de mí misma durante este tiempo. He crecido mucho desde aquel entonces, y he comenzado a pasar algunas de mis pruebas. Aprendí que mucho de lo había pasado no era un ataque del enemigo sino la redirección del Señor; fue un proceso de entrenamiento o preparación para la promesa sobre mi vida. Dejé de reprender lo que Dios enviaba para producir la transformación en mí. Mi entero proceso de pensamiento cambió de ser una víctima a ser una vencedora. No era más, "¿Dios por qué me sucede esto a mí?," sino ahora es, "¿Padre, para quién y para qué es esto?" Este fue un punto crucial para mí, y mientras sigues leyendo, yo también oro que llegarás a un lugar de sumisión en tu caminar con el Señor.

La vida de David goteaba con sumisión al Señor y a Su voluntad. Tenía tantas razones para desobedecer a Dios y para lastimar a Saúl, pero él se negó. David entendió no sólo el principio de lealtad y la obediencia, pero también conocía la Palabra de Dios, "No toquéis, dijo, a mis ungidos, Ni hagáis mal a mis profetas" (1 Crónicas 16:22). Saúl fue ungido rey por Dios y en un momento, caminó en la voluntad de Dios para su vida. A pesar de que se extravió del camino, David sabía que no era su lugar o su tiempo para remover a Saúl de su trono, sino que era únicamente del Señor. David reconoció que necesitaba para soportar su "proceso" hasta que fuese el tiempo para Dios el darle salida.

Deborah G. Hunter

¿Cuántos de nosotros comenzamos nuestra jornada por el desierto y cuando comenzamos a soportar las pruebas y tentaciones, tratamos de culpar a los demás, a Satanás e incluso a Dios, y nos desprendemos de la obra de Dios en nuestras vidas? En lugar de dar vueltas en círculos, elige por permanecer rendido y sometido al proceso de preparación en tu desierto. Con demasiada frecuencia, sucumbimos a la tentación de la promoción y cortamos el trabajo necesario de Dios en nuestras vidas cuya intención es el producir crecimiento, integridad y madurez. Buscamos títulos, posiciones, la fortuna y la fama, y terminamos en un lugar de soledad y depresión. Las cosas u estatus no pueden y no van a llenar el vacío en nuestras vidas en el que sólo Dios puede residir. Cuando permitimos que su trabajo perfecto sea operativo en nosotros, él nos dará un corazón para servir, en lugar de que seamos servidos.

David sabía el llamado de Dios sobre su vida, pero también sabía había un tiempo en que sería enviado a su llamado. El rehusó salir fuera de la voluntad de Dios y obstaculizar el proceso de la preparación necesaria para colocarlo a su promesa. Sé el tipo de siervo que Dios puede usar, como lo fue David. Proponte a permitir que el Señor te moldee y te de forma a través de su Palabra para que seas eficaz en el lugar que Él ha preparado para ti. Impone tu necesidad de aligerarte a situaciones que eventualmente te pueden conducir a tu destrucción. David, a pesar de que fue llamado, hubiera lastimado a mucha gente si hubiera elegido por sí mismo el matar a Saúl. Él se habría cortado a sí mismo de la promesa si no hubiera obedecido al Señor. Su notable carácter y lealtad indiscutible al rey Saúl proporcionó credibilidad al llamado de Dios en su vida. Soportó grandes persecuciones y luchas personales pero él pasó la prueba. Mientras servía fielmente a su rey, David estaba siendo colocado en posición para su destino.

Hubo un momento durante mi jornada por el desierto donde solo quería correr. Nada tenía sentido y mi corazón estaba exhausto pero el Señor estaba conmigo. Él nunca me dejó, y él proveyó todo lo que necesitaba cuando clamaba a Él. A lo largo de mi jornada, este espacio en el tiempo me acercó más cerca de mi Padre que cualquier otra temporada. No tenía más alternativa que depender de Él exclusivamente. Mis lágrimas se tornaron en lágrimas de alegría cuando comencé a entender lo que Él estaba haciendo en mi vida. Empecé a aceptar su proceso en mí y aprendí a confiar en Él en formas que jamás imaginé hacerlo.

Entiende que Dios ve cada acción y servicio que le rindes a Él y hacia su pueblo. Tu entrega total a Él demostrará ser la decisión más importante que tendrás que hacer en tu vida. Es la "marca" de un siervo... es un rasgo de un hijo.

Consejos del Capítulo

#8: Para ser usado por Dios, debes de poseer el corazón de un siervo.

Desde Moisés, a David, a Jesús, vemos un patrón de humildad, quebrantamiento, entrega y sacrificio en la vida de estos hombres que hicieron un gran impacto en este mundo para Dios. Es crucial dejar al Señor prepararte para el propósito en tu vida. En evadir este proceso, no sólo te harás daño a ti mismo, pero también puedes lastimar a tantos otros a lo largo de la jornada. Déjalo producir una obra perfecta dentro de tu corazón.

#9: Carácter, lealtad y obediencia son esenciales en una vida de servicio.

Muchas personas saben lo que están llamadas a hacer, pero rehúsan ser enseñados y entrenados no sólo por la Palabra de Dios, sino por aquellos que Dios establece sobre sus vidas para entrenarlos. En el vestíbulo del desierto, estos rasgos se aprenden y posteriormente son "vividos" en nuestra jornada con Cristo. Esté seguro que usted no haga nada para Dios sin estos rasgos.

#10: La persecución es una de las mayores pruebas en la vida de un verdadero siervo de Dios.

¿Puedes servir sin obstáculos en las vidas de aquellos que te están persiguiendo? ¿Poseerás un "corazón como el de David" en medio de gran dolor, parodia y persecución? ¿Puedes orar por tus enemigos, bendecir a los que te maldicen, y aún amar a los que te ultrajan? Si no puedes con-

Deborah G. Hunter

testar sí a cualquiera de estas preguntas, no has resistido tu desierto y la necesidad de volver atrás y dejar que el Señor transforme tu vida para su gloria.

"La mujer le dijo: Señor, no tienes con qué sacarla, y el pozo es hondo. ¿De dónde, pues, tienes el agua viva?" Juan 4:11

Capítulo 4

Empapado

"El Desierto de En-gadi"
(El Lugar de Aguas Vivas)

"El que cree en mí, como dice la Escritura, de su interior correrán ríos
de agua viva." ~Juan 7:38

A lo largo de nuestras vidas, vamos a experimentar muchos altibajos. Aun como creyentes en Jesucristo, no estamos exentos a las pruebas de la vida. De hecho, estas pruebas son las que forman un carácter como el de Cristo en nosotros. Descubrimos en los capítulos anteriores que somos comisionados a ir a través de cada proceso que Dios ha planeado para nosotros, con el fin de cumplir Su promesa sobre nuestras vidas. Desde que propósito fue plantado en nosotros, a la verdad de la Palabra de Dios arraigada en nuestros corazones, somos guiados a los brazos de nuestro Padre, y nuestros corazones son reemplazados con el suyo; el corazón de un siervo. El servir a los demás, especialmente a los que parecen ser ingratos o incluso no dignos de ser amados, no es algo fácil de hacer. Nuestra carne se levantará en oposición si no estamos cubiertos diariamente. Jesús es verdaderamente nuestro perfecto ejemplo. Él no fue un hombre que no experimentó todo lo que tenemos en este mundo, sino que Él también pasó por cada proceso que hemos tenido. Él entendió la necesidad de la preparación y todo lo que se requería de él durante cada temporada.

Deborah G. Hunter

La Palabra nos revela, paso a paso, el camino que Jesús recorrió hacia su máximo propósito en la vida. A través de cada giro vemos a Dios perfeccionando su camino y revelándose a través de cada prueba y adversidad. Desde su proclamación a este mundo hasta su muerte en la cruz, Jesús soportó algunos lugares muy secos a lo largo de su jornada. Dios nunca nos deja sin provisión para llevar a cabo su propósito. La palabra dice: "Mi Dios, pues, suplirá todo lo que os falta conforme a sus riquezas en gloria en Cristo Jesús" (Filipenses 4:19). Dios permitió que todas las necesidades fuesen suplidas a lo largo del sendero hacia su propósito. Dios alineará cada asignación en el momento en que está destinado a suceder. Él ordenará nuestros pasos, divinamente, para que podamos llegar a nuestro destino en Su tiempo perfecto. La Palabra en Mateo capítulo tres nos revela como Jesus fue inicialmente lanzado como conducto del plan de su Padre para su vida en la tierra.

"En aquellos días vino Juan el Bautista predicando en el desierto de Judea, y diciendo: Arrepentíos, porque el reino de los cielos se ha acercado. Pues éste es aquel de quien habló el profeta Isaías, cuando dijo: Voz del que clama en el desierto: Preparad el camino del Señor, Enderezad sus sendas." (Mateo 3:1-3)

Juan proclama la entrada de la verdad y del "Agua Viva," y prepara a la gente a para ir a un nivel más alto; uno que él no podía proveer para ellos. Hay temporadas en nuestras vidas donde nos creemos que somos "buenos" o que hemos llegado, y que hemos experimentado suficientemente de Dios que ya no necesitamos una llenura diaria de su Espíritu. Esto no podría ser más equivocado. John le dijo a la gente que iba a bautizar con agua para arrepentimiento, pero vendría otro que los bautizaría con Espíritu Santo y fuego. Ellos necesitaban más para ser sostenidos durante sus temporadas de desierto. Hablamos anteriormente sobre la necesidad absoluta de esconder la Palabra de Dios en nuestros corazones, pero es también pertinente el ser llenos del precioso Espíritu Santo de Dios. La Palabra de Dios nos mantendrá cimentados, pero el Espíritu Santo nos confirma que estamos en el lugar correcto, en el momento adecuado, haciendo lo correcto. EL Espíritu Santo es nuestro "GPS" espiritual, conduciéndonos, dirigiéndonos y guiándonos hacia nuestro propósito.

El Desierto

"Y Jesús, después que fue bautizado, subió luego del agua; y he aquí los cielos le fueron abiertos, y vio al Espíritu de Dios que descendía como paloma, y venía sobre él. Y hubo una voz de los cielos, que decía: Este es mi Hijo amado, en quien tengo complacencia." (Mateo 3:16-17)

Nuestro Señor había sido "empapado" en las aguas del bautismo y surgido con la proclamación de un hijo, el Hijo de Dios. Su obediencia alcanzó la bendición de Dios sobre su vida. Dios se complació con este acto de sumisión y fielmente recompensó a Jesús con aprobación pública. Con demasiada frecuencia, esperamos que Dios nos eleve sin el proceso de preparación en nuestras vidas. Deseamos el título o posición sin el desarrollo de carácter y las lecciones aprendidas sobre la integridad en nuestro "desierto". Dios desea que ninguno de nosotros caiga, pero si nos negamos al proceso, somos destinados a la destrucción. Jesús entendió el curso que tenía que tomar y lo hizo con el máximo honor e integridad.

Después de haber dado mi vida de nuevo al Señor, yo catapulté en la Palabra de Dios. Me sumergí a mí misma en las Escrituras y las estudié incesantemente. Leí Comentarios y compré todo tipo de recursos que posiblemente podrían ayudarme a conocer más acerca de Dios, desde Diccionarios Bíblicos a Concordancias de la Biblia. Estudié sobre la vida de cada personaje en el Palabra y leí libros históricos sobre cada uno de ellos. Me empapé a mí misma en las enseñanzas bíblicas de algunos de los más influyentes predicadores del pasado y del presente. La Palabra estaba constantemente delante de mi rostro o en mis oídos. Me volví incesante en mi búsqueda de las Escrituras. Mi conocimiento de la Biblia creció mucho, pero todavía había una especie de vacío en mi vida. Yo no estaba llena del Espíritu Santo. Sabía del regalo, y vi a muchos otros recibirlo, pero nunca lo experimenté por mí misma. Tomé la decisión que quería más de Dios; yo deseaba un nivel más profundo de intimidad con el Señor, así que le pedí a Dios que me llenara de Su precioso Espíritu Santo.

Desde el momento de mi llenura, mi vida comenzó a cambiar. Aunque conocía la Palabra, ahora estaba escuchando a Dios hablar a mi espíritu. Comencé a escuchar instrucción y dirección para mi vida; mi matrimonio, mis hijos, mis finanzas y mi negocio. También estaba recibiendo planes específicos para llevar a cabo mi propósito. Esto también marcó el comienzo de una época de gran profecía sobre mi vida. El Señor estaba enviando a gente a profetizar su voluntad para mí, al igual que Juan proclamó la venida de Jesús, el Agua Viva... el Hijo de Dios. Por lo tanto, debemos de entender la importancia de este proceso de ser "empapado," o llenos, con el Espíritu Santo está en la vida de cada Creyente. Esto abre una puerta a nuestro destino, y nos impulsa a ir aún más profundo en nuestra relación con nuestro Dios Padre. Él no sólo quiere que sepamos "de" Él, pero Él también quiere hablar con nosotros, como un padre a un hijo. Él desea una relación con sus hijos.

Muchos nunca experimentan este siguiente nivel en su caminar con Dios debido al temor, o simplemente por la incredulidad. Hay varias denominaciones de Iglesias que no creen en la llenura del Espíritu Santo. Ellos lo ven como raro o "culto," y despiden este componente crucial de la Divinidad. Muchos cristianos están viviendo una vida derrotada, porque eligen descuidar esta parte pertinente de su proceso. Ellos conocen la Palabra, pero no están entrenados para escuchar la voz de su espíritu. Tienen la conocimiento cerebral, pero sin conocimiento del corazón. La mayoría ven a Dios como un dictador a diferencia de un Padre. La Biblia dice: "porque la letra mata, más el espíritu vivifica" (2 Corintios 3:6). Si leemos la Palabra sin que el Espíritu nos revele el corazón de Dios, entonces nunca vamos a ver a Dios por quien realmente él es para nosotros. Muchos usan la Palabra de Dios como un medio para suprimir y oprimir al pueblo de Dios. Ellos toman la ley de la Palabra para golpear a la gente, en vez de levantarlos y proporcionarles con el soporte vital de la "Agua Viva" de Dios.

De nuevo, si no estás en relación con Dios, usted nunca sabrás lo que significa ser amado; por lo tanto, usted no sabrá cómo amar a los demás. El corazón de un siervo se disolverá si no se mantiene fluido a través de la llenura constante del Espíritu Santo. Tiene que ser "empapado" para lavar cualquier residuo de nuestra carne y de nuestras agendas egoístas.

En 1 Samuel, vemos al siervo David corriendo por su vida del el rey Saúl. David estaba en constante huida, mientras su amo crecía más friolento todos los días. Mientras huía, entró en el desierto de En-gadi, o el lugar de "Agua Viva". Esta zona del desierto de Judea era estéril, a

El Desierto

excepción de ciertas zonas que albergaban manantiales o fuentes de agua. En-gadí también significa la primavera del niño o la fuente de la cabra. Estas fueron las zonas donde los pastores conducían a sus rebaños para beber de los barrancos, mientras viajaban a través de los desiertos secos. David encontró un lugar de refrigerio en el desierto de En-gadí. Estaba cansado y drenado por estar constantemente huyendo de Saúl, pero encontró consuelo en el medio de su lugar seco.

"Cuando Saúl volvió de perseguir a los filisteos, le dieron aviso, diciendo: He aquí David está en el desierto de En-gadi." (1 Samuel 24:1)

En tiempos de gran angustia o confusión, a donde corres es muy importante. No vuelvas a tu pasado, pero correr hacia tu futuro. "... puestos los ojos en Jesús, el autor y consumador de nuestra fe" (Hebreos 12: 2). Corre hacia el agua, el "Agua Viva" que es capaz de refrescarte y llenarte, alma y espíritu. Asegúrese de tomar el tiempo para refrescarte. No puedes seguir corriendo esta carrera en humos. Dios ve exactamente dónde te encuentras en tu desierto y está listo para llenarte y refrescarte donde estás. Deja de tratar de ser el superhéroe de la fe. Si Jesús tuvo que ser "empapado" en las aguas de refrigerio, también debemos de hacerlo nosotros. Dios lo estaba preparando para lo que él estaba a punto de enfrentar en su desierto.

Vemos otro ejemplo de la fidelidad y la voluntad de Dios para derramar agua refrescante en la vida de una mujer que fue condenado al ostracismo y menospreciado por aquellos en su comunidad. Conocemos a la mujer samaritana en el libro de Juan Capítulo cuatro. Jesús, extremadamente cansado de su jornada, toma un curso muy extraño, distinto del camino Él y sus discípulos acostumbraban viajar para tomar un trago de agua. La distancia de Judea a Galilea era aproximadamente cincuenta millas. El tiempo que le tomaría a Jesús llegar a Galilea pasando por Samaria añadiría otras veinte milla a su jornada. Sin duda, habían manantiales y quebradas más cercas donde Él podría haber parado para ser refrescado. ¿Que llevó a nuestro Señor a la ciudad de Samaria, un lugar considerado "impuro" por los Judíos? Este sería considerado como el último lugar que ellos irían a beber agua.

"Y le era necesario pasar por Samaria." (Juan 4:4)

Deborah G. Hunter

Jesús estaba siendo guiado por el Espíritu de Dios a este lugar. Él se sentó junto al pozo, el pozo de Jacob, cuando una mujer se acercó a sacar agua. La Palabra dice que fue la sexta hora, lo que significa alrededor del mediodía. La mayoría de las mujeres se aventuraban muy temprano en la mañana para sacar agua para sus familias para cocinar y limpiar. Así que ¿por qué esta mujer estaba sacando agua al mediodía, y obviamente sola? Jesús le dijo: "Dame de beber." Asombrada, la mujer le refutó preguntando por qué Él, un Judío, le preguntaría a ella, una Samaritana, por agua, por cuanto los Judíos no trataban con los Samaritanos.

"Respondió Jesús y le dijo: Si conocieras el don de Dios, y quién es el que te dice: Dame de beber; tú le pedirías, y él te daría agua viva." (Juan 4:10)

La mujer samaritana estaba perpleja. Ella no tenía ni idea de quién este hombre era y como él podía pensar ser capaz de ofrecerle algo que incluso su antepasado Jacob no podía ofrecer. No tenía nada con que sacar el agua, así que ¿cómo iba a proporcionar esta "agua viva"? ¿Cuántas veces dudamos de Dios y de sus promesas de provisión para nosotros? Conocemos Su Palabra como la palma de nuestra mano, pero de alguna manera, no confiamos en que Él hará exactamente lo que él ha dicho que va a hacer. Esta mujer "conocía" de la venida del Mesías, pero no tenía ninguna relación con Él. Ella no tenía discernimiento para saber que estaba parada en medio del Hijo de Dios. El Espíritu de Dios es un revelador. Él nos muestra, o nos revela, cosas que normalmente no vemos con nuestros ojos naturales. El no sólo vino para mostrarle quien ella era, pero para revelarle a ella quien él era.

En nuestras estaciones de desierto, Dios desea revelarnos más de sí mismo. Él nos lleva a lugares secos para despojarnos de nosotros mismos y para fortalecer nuestros espíritus en él. Él desea durante estos tiempos prepararnos para la elevación, para las pruebas y tribulaciones que vienen con estas. Jesús quería que la mujer Samaritana pudiera verse a sí misma como el la veía. Él necesitaba que ella viera más allá de sus circunstancias y situaciones presentes de la vida. Él la necesita que ella fuese honesta con sí misma, así como con él. Para que usted pueda ir al siguiente nivel, debes de aprender que la honestidad y la integridad son

El Desierto

claves para mantenerte fundamentado en tu Tierra Prometida. Usted debe ser capaz de afrontar el "hombre en el espejo".

La mujer samaritana pensó que esto era simplemente otro ordinario día de ir al pozo y sacar agua, pero se encontró con la "Agua Viva" de Jesucristo y fue empapada en su amor y compasión. Su hora de extraer el agua no era una coincidencia. Ella era una marginada entre los marginados.

Esta mujer fue cortada de compartir con sus compañeros samaritanos debido a su estilo de vida "aparentemente arriesgado". Había sido casada muchas veces, y ahora estaba viviendo con un hombre que era no su marido. Ella se arriesgó a gran vergüenza y condenación de su comunidad, especialmente de las mujeres que se reunían en este pozo temprano todas las mañanas, por lo cual esperó a que no hubiera nadie allí para sacar su agua. ¿Cuán vacía se hubiera sentido? Ella estaba en un lugar muy seco... su desierto. Dios vino a su encuentro para revelarle que ella ya no volvería a tener sed después de encontrarse con el "Agua Viva". Su lugar seco se convirtió en una fuente de vida, la refrescando y reviviendo áreas de su vida que ella, y muchos otros, asumieron que estaban muertas. La vida de esta mujer llegó a ser empapado en el amor de Dios, un amor que ella nunca antes había experimentado.

Dios desea que experimentemos su amor ágape, un amor que nadie más es capaz de ofrecer. Él quiere que lo conozcamos como Padre, y que vivamos diariamente en Su presencia. Sin una constante comunión con el Señor, nos queda más que los vicios de este mundo y eventualmente nos absorbe de cualquier tipo de vida que halla en nosotros. El Agua Viva de la Palabra y de su Espíritu suple un río continuo de fe, esperanza y amor. Se nos promete que nunca nos faltará nada, mientras buscamos Su presencia y confiamos en Él. Es en nuestros desiertos donde nuestra dependencia de todo y de todo el mundo es cortado y el cordón umbilical de la vida está unido a nuestro Creador, nuestro Padre.

En cada uno de estos relatos bíblicos, vemos a Dios apasionadamente persiguiendo a su pueblo, deseando que ellos confiaran en Él y en Él solamente. Él se revela así mismo como el sustentador de la vida, el "Agua Viva" el cual su pueblo necesitaría para salir de los lugares secos

Deborah G. Hunter

o desierto. Él es un Dios celoso. Él no comparte su gloria con nadie. Cuando ponemos nuestro enfoque en los demás, ya sea para salir de situaciones o dándoles poder sobre nosotros para mantenernos en la esclavitud, afligimos Su corazón. Cuando nosotros rechazamos el proceso de nuestro desierto, nos quedamos en la desolación y no hay alivio. Nuestros intentos de ser refrescados suelen ser inútiles.

"Porque dos males ha hecho mi pueblo: me dejaron a mí, fuente de agua viva, y cavaron para sí cisternas, cisternas rotas que no retienen agua." (Jeremías 2:13)

La mujer de Samaria venia todos los días a la fuente de su antepasado Jacob. Diariamente se sacaba agua de una fuente que no podía saciar su sed. Su "cisterna" estaba rota. No importa lo mucho que trataba de llenarla con el amor de hombres, no podía satisfacer el anhelo de su alma por un amor verdadero. Se volvía mas todos los días, hasta el punto que el matrimonio ya no era sagrado para ella. Su confianza en los hombres había llegado a ser tan contaminada que decidió conformarse con lo que podía encontrar; con quien quiera que la dejaría entrar y darle algún tipo de intimidad. No pierdas tu identidad en otros o permitas que sus palabras crean tu realidad.

No importa lo que hayas hecho y no importa qué circunstancias han surgido en su vida, conoce que Dios es capaz de saciar todos dardos de fuego del enemigo y toda lengua sentenciosa de tus acusadores. Ellos no tienen una llave a las puertas del infierno; tampoco tienen una posición en el trono del Cielo para hacerte entrar o mantenerte fuera. Confía en el Señor tu Dios y él llenará cada lugar reseco de tu existencia. Él vino a darnos vida y vida en abundancia. La mujer Samaritana se aferró a la última esperanza de la herencia que tenía, el pozo de su antepasado Jacob. Ella se "identificó" a sí misma como una heredera del patriarca, y posiblemente este era el único lugar de soledad que encontró en medio de los juicios y la condenación, pero aún no era suficiente.

"Jesús le contestó: Cualquiera que beba de esta agua volverá a tener sed; pero el que beba del agua que yo le daré no tendrá sed jamás, sino que el agua que yo le daré será en él una fuente de agua que salte para vida eterna." (Juan 4:13-14)

El Desierto

Jesús no sólo confrontó a la mujer Samaritana con amor sino también con la Verdad. Él nos requiere que seamos realistas con nosotros mismos y real con Él. Si continuamos siendo atrapados en las corrientes de este mundo, nunca encontraremos verdadera llenura. Pero cuando permitimos que el proceso de preparación en nuestro desierto haga su obra perfecta, somos entonces introducidos al "Agua Viva," Jesucristo. Él puede entrar cuando nos dejamos ir, cuando nos rendimos totalmente a Su luz, la Verdad revelada a nosotros.

La mujer en el Pozo no pudo "ver" quién él era hasta que ella fue confrontada con la verdad acerca de sí misma. Dios nos ama tanto que no nos dejará en nuestro desorden; Él quiere que seamos libres. Él desea lo mejor para nuestras vidas y hará todo lo posible para reunirse con nosotros en nuestro "Pozo." Cuando te encuentre, permite que su "Agua Viva" surja en tu vida. Deja que su Verdad te limpie y te libere de la desolación de tu desierto. Permita que su Espíritu llene cada lugar estéril en tu vida. Ríndete a su voluntad y busca su propósito para ti. Tu desierto no es tu castigo; es el proceso de preparación para tu Promesa. ¡Deja que las aguas de su Espíritu te arropen y te lleven hacia tu destino! ¡Empápate en la presencia del Señor!

Consejos del Capítulo

#11: Dios saldrá de su camino para reunirse con nosotros en nuestros lugares desolados.

Cuando Dios necesita hacer llegar una palabra a Su pueblo, Él moverá Cielo y Tierra para que esto ocurra. Samaria no estaba en el "GPS," pero Jesús recibió una asignación de ir al Pozo. No importa dónde usted está en su vida, Dios es no está muy lejos. La Palabra dice, "¿Adónde me iré de tu espíritu? ¿Y adónde huiré de tu presencia? 8 Si subiere a los cielos, allí estás tú: Y si en abismo hiciere mi estrado, he aquí allí tú estás. 9 Si tomare las alas del alba, Y habitare en el extremo de la mar, 10 Aun allí me guiará tu mano, Y me asirá tu diestra" (Salmo 139:7-10).

#12: Las aguas de Su Espíritu son capaces de proporcionar vida a los lugares secos y muertos.

¡Hay esperanza! La mujer de Samaria buscó alivio en los secos vacíos del compañerismo. Ella asumió que su corazón vacío sería reparado a través de los amores temporales de los hombres, pero no se daba cuenta que era una simple curita en una herida abierta que sólo podía ser restaurada por el Pozo de Agua Viva, Jesucristo. Su "cita con el destino" en el pozo proporcionó agua viviente del Espíritu cual era necesaria para empapar los lugares secos y desolados en su vida. ¿Excavarás más profundo hoy? ¡No se conforme con lo que está en la superficie, excave en las dimensiones de su corazón, y descubra el pozo de agua viva en su vida!

Deborah G. Hunter

#13: Busca "conocer" a el padre, no solo "el saber" de Él.

La palabra "saber"en la Biblia tiene varios significados, pero un significado más importante viene de la palabra hebrea *yada*, que significa *conocer*, tener íntimo conocimiento de algo o alguien. Esta palabra se utiliza en toda la Escritura en referencia al matrimonio, íntimamente uniendo con una sola carne, o hacer el amor. "Conoció Adán a su mujer Eva, la cual concibió y dio a luz a Caín, ..." (Génesis 4:1a). La mujer de Samaria sólo había oído del Mesías, pero Él vino para que ella supiera de él íntimamente, o tuviese conocimiento a través de una relación, que Él era su Señor. Ya ella no necesitaba intimidad física para vendar sus heridas; ¡el Amante de su alma la había encontrado! ¡Procura conocer a Dios íntimamente y usted jamás volverá a tener sed!

"Bendita sea entre las mujeres Jael, Mujer de Heber ceneo; Sobre las mujeres bendita sea en la tienda." Jueces 5:24

Capítulo 5

Promocionado en el Espíritu

"El Desierto de Tecoa"
(El Lugar de Madurez)

"Entonces Jesús fue llevado por el Espíritu al desierto, para ser
tentado por el diablo." ~Mateo 4:1

La promoción es un tiempo de gran celebración. Nuestros logros son recompensados con elevación y afirmación pública. Esto puede ser uno de los mejores momentos de nuestra vida, un tiempo de reconocimiento que afirma nuestra identidad y revela nuestra fidelidad y entrega a los demás. Inmediatamente después de que Dios proclamó: "Este es mi Hijo amado, en quien tengo complacencia," Él fue llevado a su desierto. Prepárate para ir a través de tu proceso después de una promoción en el Espíritu. Esperaríamos a Jesús ir directamente al ministerio después de ser elevado por su Padre. Parecería evidente para uno el ir al siguiente nivel tan pronto como son elevados, ¿verdad? No es así en el Reino. En el Reino de Dios, es todo lo contrario. Debemos ir primeramente hacia abajo antes de ir hacia arriba. La Palabra nos dice que Jesús primero descendió a las partes más bajas de la tierra antes de ascender al Cielo. La Palabra también nos amonesta a ser humildes.

Deborah G. Hunter

"Humillaos, pues, bajo la poderosa mano de Dios, para que él os exalte cuando fuere tiempo;" (1 Pedro 5:6)

Jesús pudo haber tomado este momento como la "luz verde" para entrar en Su ministerio terrenal, pero si lo hubiera hecho, él no estuviera preparado para hacerle frente a las pruebas, luchas, tentaciones y tribulaciones que le esperaban. Muchos de nosotros pensamos que estamos listos para el llamado de Dios en nuestras vidas. Cortamos todas las esquinas posibles para obtener un título o posición, para que Dios nos use. Déjame prometerte que Dios no está en tu desorden. Deja de preguntarle a Dios que ponga un sello de aprobación a "tu" ministerio, "tu" regalo, o "tu" llamado. ¡Si usted se niega a caminar a través de su desierto, usted no está listo para el Reino! Busca un lugar para servir y permite que Dios te purgue de ti mismo, para que estés preparado para los mayores niveles de responsabilidad y madurez. Esto no se trata de usted. No solo te estás haciendo daño, pero eventualmente, si te esfuerzas en algo prematuramente, también lastimarás a muchas otras personas.

Jesús es el Hijo de Dios, si él tuvo que ir a través de su proceso de madurez, ¿que nos hace pensar que estamos exentos del nuestro? ¿Seremos tan orgullosos y arrogantes en pensar que podemos resistir los ataques del enemigo sin haber sido probados en nuestro desierto? ¡Esto es absurdo! Nuestro desierto es un campo de entrenamiento. Está diseñado para purgarnos de nuestros deseos egoístas y motivos para reemplazarlos con humildad, quebrantamiento, y en última instancia, con la madurez en Cristo. Es un lugar donde nuestros límites son probados a fin de revelar si estamos preparados para lo que Dios tiene para nosotros, o si vamos a romper y comprometer nuestra fe por lo que el enemigo nos ofrece. Muchos de nosotros perdemos la marca varias veces durante nuestra experiencia en el desierto. Vemos varios casos en la Palabra, desde Abraham hasta Elías, donde los que nos precedieron fallaron sus pruebas. Pero también vemos que Dios no se dio por vencido en ellos. En cambio, él continuó persiguiéndolos para empujarlos hacia su propósito. Los Hijos de Israel fracasaron muchas pruebas a lo largo de su viaje por el desierto, y muchos no entraron en la Tierra Prometida, pero los que se sometieron al proceso, finalmente entraron en la tierra que Dios había preparado para ellos.

El Desierto

En la sociedad de hoy en día, nadie quiere soportar el proceso para recibir su promoción. La gente quiere todo ahora, y si no lo pueden conseguir de la manera correcta, van a comprometerse y forzarse hacia posiciones que Dios no tuve intención con ellos, que no sólo les hace daño a ellos, pero también a muchos otros.

El problema con esto es que somos, por naturaleza, gente egoísta. Nuestros motivos e intenciones son por lo general los intentos autoindulgentes para ganar la alabanza y la aprobación del hombre; para sentir como si hemos alcanzado algún tipo de estatus en nuestras vidas. Como creyentes en Cristo, nuestro objetivo no es la alabanza de los hombres, pero la aprobación de Dios.

"Pues, ¿busco ahora el favor de los hombres, o el de Dios? ¿O trato de agradar a los hombres? Pues si todavía agradara a los hombres, no sería siervo de Cristo." (Gálatas 1:10)

Tenemos que ser muy cuidadosos en apartarnos de los caminos de este mundo y de no seguir los caminos de Dios. Si usted busca la aprobación del hombre, obtendrás satisfacción temporal, pero terminarás con eternas consecuencias. Tome una decisión de caminar a través de su desierto, para que así Dios pueda transformar tu vida y te guie a tu propósito. Nosotros no podemos esperar la bendición y el favor de Dios y rechazar la obra de Cristo en nuestras vidas. Dios no obra de esta manera. Dios espera que crezcamos y que seamos transformados por su Palabra y por su Espíritu. Permítele hacer su voluntad en tu vida.

"Y cuando se levantaron por la mañana, salieron al desierto de Tecoa. Y mientras ellos salían, Josafat, estando en pie, dijo: Oídme, Judá y moradores de Jerusalén. Creed en Jehová vuestro Dios, y estaréis seguros; creed a sus profetas, y seréis prosperados." (2 Crónicas 20:20)

El desierto de Tecoa significa el lugar de la creación de tiendas de campaña, de anudamiento, o el lugar de la madurez. Es un lugar donde se hace una determinada decisión de seguir al Señor y de poner toda nuestra confianza en Él. Llegamos a ser establecidos en su Palabra y en sus caminos. Ya no seguimos nuestros propios caminos pero nos sometemos no sólo a Dios, sino también a aquellos que Él ha puesto sobre nuestras vidas para dirigirnos y guiarnos espiritualmente hacia nuestro propósito. Es muy importante tener una cobertura sobre su vida. Nuestros dones y llamamiento deben de estar sujetos a alguien con madurez espiritual y autoridad. Al hacerlo, eliminamos nuestros deseos naturales y tendencias rebeldes y el salir prematuramente antes de tiempo. El rendir nuestras vidas y el someternos bajo la dirección de otra persona, permitirá a Dios acceso a moverse libremente en nosotros y a través de nosotros.

Jael era un personaje bíblico muy insignificante, de acuerdo con las normas del mundo. Ella sólo se menciona en un Capítulo, pero su heroísmo siempre será grabado en los anales de la historia. No mucho es mencionado sobre su pasado o su linaje, pero podemos sacar mucho de los pasajes cortos sobre esta mujer valiente de Dios. El desierto de Tecoa se conoce como el lugar de levantar tiendas de campaña, o el lugar de "madurez". Jael vivía en un lugar llamado Zaanaim, lo que significa "movimiento". Ella no sólo era un ama de casa que sabía cómo cuidar de su familia, pero ella también era muy experta en "levantar tiendas". Los constantes movimientos de un lugar le dio la experiencia necesaria para hacer frente a lo que sería su última prueba de fe y su huella historial en la Biblia.

El carácter de Jael también se observa con valentía en estos cortos pasajes de las Escrituras. Jael es mencionado por primera vez en la Biblia como la "esposa de Heber ceneo". Era una mujer sometida. Tenía una cobertura y debe haber traído honor y estima a su hogar para ser mencionada como su esposa. Se menciona que ella salió de su tienda a recibir a Sísara, comandante del ejército del rey Jabín, un rey que tenía oprimido a los hijos de Israel por veinte años. Una Profetisa y Jueza en este tiempo en Israel era Deborah, también mencionada por primera vez en las Escrituras como "la esposa de Lapidot". Una cosa muy importante a tener en cuenta aquí es que una mujer en el ministerio debe ser sometida a su marido o sometida bajo una cobertura. Dios no lanza a rebeldes al ministerio ni qué permite que salte el proceso de su desierto para ser elevado. La madurez y la responsabilidad son claves vitales para caminar en el propósito de Dios para tu vida. Esta fundación está claramente representada en estas dos declaraciones breves tanto en la vida de Débora como la de Jael. Dios necesitaba que viéramos que Él las había llamado a las dos y eran calificadas a través de su sumisión a su liderazgo terrenal.

Vamos a profundizarnos un poco más en el carácter de Jael. En Jueces Capítulo cuatro, versículo dieciocho dice:

"Y saliendo Jael a recibir a Sísara, le dijo: Ven, señor mío, ven a mí, no tengas temor. Y él vino a ella a la tienda, y ella le cubrió con una manta. Y él le dijo: Te ruego me des de beber un poco de agua, pues tengo sed. Y ella abrió un odre de leche y le dio de beber, y le volvió a cubrir." (Jueces 4:18-19)

¡Dios mío! ¡Qué mujer de integridad, honor y madurez! Ella lo llamó señor. Jael era una mujer que entendía autoridad. Él pudo haber sido un opresor pero esto no afectó el carácter de esta poderosa mujer de Dios. Como creyentes maduros en Cristo, vamos a ver mucho con lo que no estamos de acuerdo y muchas veces queremos arremeter contra los que están en autoridad, a los que esperamos que hagan las cosas correctas. Sabemos que son tenidos a un estandarte superior y que deben de mantener esta posición con el más grande de los caracteres. Nuestro trabajo no es juzgarlos, sino honrarlos, respetarlos y sí, CUBRIRLOS tal como lo hizo Jael. Esto es una señal de madurez espiritual. Estamos llamados a llevar a cabo la Palabra de Dios, y punto. Nuestros sentimientos y emociones no deberían tener prioridad sobre la Palabra en nuestras vidas. Por cuanto ella se sometió a su marido, se sometió a Dios y honró a este hombre en autoridad, Dios pudo usar a Jael para cumplir su destino. Vale la pena ser sometido.

Otro aspecto de la madurez de Jael se ve en que ella ofreció lo "mejor" aun cuando ni siquiera se le pedía hacer. Sísara pidió agua, pero Jael le ofreció leche. ¿Con qué frecuencia ofrecemos aquello que es lo menos de nosotros, cuando Dios pide nuestro mejor fruto u ofrenda? Vimos en Génesis la tragedia que ocurrió porque Caín se negó a ofrecer al Señor la primicia de sus frutos. Creemos que podemos ocultar nuestras intenciones egoístas de Dios, pero Él ve y lo sabe todo. Él es Omnipresente, en todas partes al mismo tiempo, y ve todo motivo e intención, ya sea bueno o no tan bueno. Este acto también fue visto como estrategia divina en que el agua era lo "apropiado" para ofrecerle a alguien que entrara en

Deborah G. Hunter

su tienda de la batalla, pero en cambio ella escogió la leche. La leche permitió a Sísara relajarse y dormirse, dándole la oportunidad de matarlo mientras dormía. Ella estaba llena de carácter y sabiduría. Jael podría haber emitido llamarlo señor y decirle a este hombre malo lo que realmente pensaba de él. Ni siquiera tenía que darle un poco de agua, pero no estaba en su carácter el rechazar a alguien fuera del servicio de su vida. Ella tenía el corazón de una sierva. ¡No esperes que Dios lo use para cambiar este mundo si no está dispuesto a cambiarte a ti mismo! Esto no se trata de nosotros, sino únicamente sobre lograr Su plan y propósitos en la tierra, y esto conlleva una gran cantidad de sumisión y madurez.

No puedo dejar de imaginar cómo el impacto de Débora, la Profetisa y Jueza sobre Israel, también tuvo sobre Jael. Muchas mujeres fueron oprimidas durante estos tiempos y sólo eran vistas como amas de casa, madres y cuidadoras de sus hogares. El tener a una Profeta y un Jueza sobre Israel que era una mujer tuvo que haber tenido un tremendo impacto en las mujeres que vivían durante este tiempo. Débora era también una mujer de gran carácter y posición correcta con Dios. Ella no sólo poseía un gran don profético, pero Dios le ungió con la autoridad para soltarlo sobre una nación.

"… y acostumbraba sentarse bajo la palmera de Débora, entre Ramá y Bet-el, en el monte de Efraín; y los hijos de Israel subían a ella a juicio." (Jueces 4:5)

Débora significa "abeja," o la Palabra. Obtenemos el nombre de "ortografía abeja" de la derivación de su nombre. Ella tenía la Palabra de Dios en su boca para la nación de Israel. Ella también fue preparada en el conducto de su desierto antes de ser enviada al ministerio de la profecía, así como el oficio de Jueza. Débora tuvo que someterse primero a su líder antes de que pudiera juzgar fielmente y eficazmente a una nación. Los procesos son absolutamente pertinentes para cada uno de nosotros, no importa si somos llamados como ama de casas o un profeta a las naciones. La sumisión de Débora y su obediencia la llevó a su Tierra Prometida, al propósito por el cual ella fue creada. La escritura anterior dice que ella se sentaba bajo la palmera de Débora. Las palmeras en la Biblia representan un lugar de la justicia. Es un lugar donde podemos ir a tomar sombra, refugio y sabiduría. Esto revela mucho acerca de la vida de Débora, así también como Dios se relaciona con Su Iglesia, la Esposa. A través de su estilo de vida y su relación con el Señor, Débora era capaz de ponerse en el lugar de autoridad para tantos otros.

"El justo florecerá como la palmera; Crecerá como cedro en el Líbano. Plantados en la casa de Jehová, En los atrios de nuestro Dios florecerán. Aun en la vejez fructificarán; Estarán vigorosos y verdes, Para anunciar que Jehová mi fortaleza es recto, Y que en él no hay injusticia." (Salmo 92:12-15)

Esto revela la vida de Deborah. Ella se plantó en la voluntad de Dios y floreció y creció en madurez y buena relación con el Señor hasta el punto donde otros pudieron recibir refrigerio debajo de su "palmera" o liderazgo. Su profunda relación con Dios comenzó a derramarse de su vida personal a los campos de su comunidad y la nación. Tu vida debe ser un ejemplo para alguien más. Tu tiempo en tu desierto no es para matarte o para destruirte sino para transformarte y llevarte a la perfecta voluntad de Dios para tu vida. En Cristo, hemos de poner nuestras vidas, nuestra voluntad, con el fin de ser una luz y un ejemplo a otros. Así como los hijos de Israel cruzaron el Mar Rojo fuera de la esclavitud de Egipto, nosotros también experimentamos una gran excitación cuando somos salvos. Todos nuestros sentidos son magnificados en la luz del amor de Dios por nosotros, y somos impulsados en la Palabra de Dios y en el servicio al Señor. Queremos ser utilizado de inmediato por Dios, y ser elevados en nuestros dones y llamamiento, pero lo que no entendemos es que sólo porque somos salvos no significa que hemos sido transformados. Tenemos que ir a través de nuestro "proceso," nuestro desierto.

Como dije anteriormente, yo catapulté en mí caminar con Dios. Desarrollé el corazón de una sierva desde muy temprano y propuse servir a Dios y a la gente con todo mi corazón. Tuve tanta alegría durante este tiempo y encontré gran satisfacción en mi vida. No tenía deseo de ser vista, y los títulos eran lo más alejado de mi mente. Serví fielmente en el Ministerio de los Niños en todas las iglesias que asistí, y comencé a enamorarme con el ministerio de la danza, cual me impulsó a

Deborah G. Hunter

una mayor intimidad con Dios. Incluso le pedí a Dios que no me pusiera en posiciones de liderazgo porque yo no necesitaba un título para servir a Dios o a Su pueblo. Pero en mi ignorancia e inocencia, no entendía que Dios tenía un propósito y un llamado mayor que mi mente estaba dispuesta a imaginar. Él, de hecho, me elevó sin que alguna inclinación ocurriera. Yo luchaba con esto en gran medida al punto de querer decirle a mi Pastor que no deseaba esta posición. Fuimos llamados a una reunión de liderazgo, suponiendo que sólo íbamos a ser un elemento de apoyo en una nueva ciudad donde nuestro Pastor estaba tratando de plantar una iglesia. Cuando abrí la agenda, miré hacia abajo y vi a mi nombre con este título en frente del. Mi corazón se hundió y desde este momento en adelante, luché con Dios, pidiéndole que me dejara ser Débora. ¡Esta es la verdad! Esto comenzó mi jornada en mi desierto. Algunos lucharán con el llamado, mientras que otros lo persiguen hasta tal punto que la posición es más importante para ellos que el servir a Dios. No importa la situación, TODOS estamos destinados a entrar en nuestro proceso de preparación.

Note como he dicho antes en el Reino, la elevación no le llevará automáticamente al siguiente nivel, sin embargo te conduce a tu desierto. Tenemos que estar entrenados para escuchar la voz de Dios y operar en orden para ministrar Su corazón y no el nuestro. Nuestra voluntad tiene que estar totalmente entregada al Señor, con el fin de ser utilizados lo como fue Débora. No se establece específicamente su experiencia en el desierto, pero a través de las palabras del escritor del libro de Jueces, es más que evidente que tuvo que soportar su proceso y Dios la encontró fiel para elevarla como Profetisa y Jueza de Israel. ¡Permanece en tu proceso!

La Escritura dice también indica que Débora se sentó entre Ramá y Bet-el, en los montes de Efraín. Ramá significa un lugar de altura, por lo general visto como un lugar de orgullo, egoísmo o de idolatría. Fue conocido como un lugar de discusión, de traición, confusión y caos. En contraste, Bet-el significa "la casa de Dios" o la presencia de Dios. ¿Por qué se sentaría en medio de tal disparidad? Dios la llamó como Jueza, y nosotros como hijos de Dios tenemos que entender que también somos llamados a juzgar a las naciones de este mundo. No estamos llamados a pasar juicio, pero estamos llamados a juzgar entre la justicia e injusticia.

El Desierto

En nuestras primeras etapas de la salvación, no estamos equipados o no tenemos la experiencia suficiente en las cosas de Dios para juzgar correctamente. Muy a menudo terminamos en la parte del juicio, a diferencia de juzgar espiritualmente una situación. Terminamos lastimando a la gente y ofendiéndolos, en lugar de permitir que el Espíritu de Dios penetre en sus vidas a través nuestra sumisión, obediencia, y sí, en madurez de las cosas espirituales.

Me gustaría poder decirles que pasé mis exámenes en estas áreas, pero por desgracia, no lo hice en algunos. Estaba comenzando a oír del Señor y Él me revelaba cosas en mis en sueños, así como en mi tiempo de oración. Porque conocía la Palabra de Dios íntimamente, asumí que debía de soltarla. En una ocasión, no solté una Palabra que Dios me dio específicamente para compartir con alguien. Tenía miedo el ofender o lastimar a esta persona. Yo no estaba lo suficientemente madura para comprender que Dios ya había preparado sus corazones, y que era el momento de compartirlo. Cuando me di finalmente revelé esta Palabra, fue el momento equivocado, en el lugar equivocado, y con el espíritu equivocado. En lugar de animar u levantar a esta persona, yo la derribé. Tenemos que entender que Dios hace todo en su debido tiempo y en orden. ¡Si nos salimos de este orden divino, sólo porque el "habló," no significa que Él nos usará en el momento para compartirlo! Nuestro proceso es extremadamente crucial.

El ejemplo de Débora demostró no sólo el refrescar a los hijos de Israel en sus tiempos de caos y confusión, sino que también se extendió en la vida esta mujer llamada Jael. A través de la vida de esta Profeta y Jueza, esta poderosa mujer de Dios, Jael fue capaz de discernir su cita con el destino y operar en el orden divino con carácter, honor, integridad y gracia.

Asegúrese de que usted someta sus dones y llamado bajo la autoridad de uno que se ha sometido, que es obediente, y que es un mentor probado o es un líder espiritual. Su vida debe de ser un libro abierto, no uno de perfección, ya que esto no es alcanzable por cualquier hombre, pero que esté atado o entrelazado con fracasos y triunfos. Todo líder debe haber experimentado su propio desierto, con el fin de ayudar a conducir a otra persona fuera de los suyos.

Deborah G. Hunter

Tanto Débora y Jael son grandes ejemplos de madurez espiritual. Estas mujeres de Dios eran sometidas, obedientes, y poseían el mayor carácter de Cristo en sus asignaciones. Ellos fueron utilizados por Dios debido a su voluntad de crecer en Él y aprender de Él. Ellas rindieron sus vidas para que otros pudieran vivir sus propósitos a través de ellas. Estas preciosas mujeres vivirán para siempre en las vidas del pueblo de Dios a lo largo de las generaciones. ¿Cuál será tu legado? Deja que la vida de Débora y Jael te influyan a vivir para Cristo y a morir a ti mismo. Tu propósito está atado a gente de toda nación. Permitirles ver tu relación con Dios e imita tu caminar con Él.

"… sino imitadores de aquellos que por la fe y la paciencia heredan las promesas." (Hebreos 6:12b)

Consejos del Capítulo

#14: ¡Elevación en el Reino de Dios es ir hacia abajo o humillarse antes que subas!

Muy a menudo, tenemos la tentación de saltar el proceso de nuestro desierto con el fin de salir y hacer lo que "Dios" nos ha llamado a hacer. La promoción terrenal siempre busca lo suyo y nunca viaja en el camino de la abnegación. El Reino de Dios no está formado de esta manera. El lema del Reino es "Para subir, hay que bajar." Promoción de parte de Dios requiere total entrega, sacrificio y sumisión. No es ya tu voluntad, pero Su voluntad. La Palabra dice que él tuvo que primero descender a lo más profundo de la tierra antes de que pudiera ascender al trono de Su Padre. Suelte las ambiciones egoístas y toma tu cruz.

#15: Dios no usa a los rebeldes; Él lanza a los fieles, humildes, sumisos, y las personas obedientes.

El egoísmo, el orgullo, la avaricia, la arrogancia y el egoísmo son están azotando nuestro mundo de hoy. Todo el mundo quiere ser el centro de atención y escuchar sus nombres mencionados a través de las ondas radiales. Esto no es sólo entre los que no son salvos, pero lentamente se ha deslizado en las cámaras de nuestras congregaciones. Si nosotros no somos reconocidos o elevados lo suficientemente rápido, tomamos el asunto en nuestras propias manos y nos elevamos o corremos a alguna parte para conseguir a alguien para que esté de acuerdo con nuestro desorden y nos exalte. ¡REBELDÍA! La Palabra dice: "Humillaos ante los ojos del Señor, y él os exaltará" (Santiago

4:10). Sé que cuando Él exalte, Él hará que todo caiga en su lugar. Sé paciente y confía en Él.

#16: Sométase bajo liderazgo probado.

La Biblia nos advierte que en los últimos días, muchos falsos profetas y maestros se levantarán y anunciarán falsas doctrinas y enseñanzas. Estas personas engañarán y manipularán pero hay quienes no comprometerán su fe o creencias por la riqueza, estatus o fama. Dios ha puesto a pastores en tu vida para cubrirte y hablar Su Palabra sobre tu vida. Asegúrese de que tenga un linaje de sabiduría, experiencia e integridad. Si siempre están de acuerdo contigo y permitiéndote que hagas lo que quieras, es posible que desees hacer un " trasfondo" histórico.

#17: Dios usará la gente más "insignificante" para llevar a cabo sus planes divinos.

Moisés era tartamudo, Jacob fue un mentiroso, David era un adúltero, Miriam era una chismosa, Jeremías estaba deprimido y suicida, Pablo era un asesino, y también lo fue Abraham, Noé era un borracho, la esposa de Oseas era una prostituta, Elías estuvo exhausto, María era perezosa, Pedro no sabía cómo callarse, Zacarías era pequeño de estatura, y todos nosotros tenemos nuestras propias deficiencias y debilidades. Dios ha demostrado por medio de las Escrituras que Él hace cosas milagrosas a través de las manos de gente común como usted y yo. Jael, aunque no se menciona en la Palabra hasta esta porción en particular de las Escrituras, fue preparada por el Señor para este tiempo determinado. Su elevación estaba en sus manos y en Su debido tiempo. Espera en el Señor, pero sirve mientras esperas.

"Y lo halló un hombre, andando él extraviado por el campo, y le preguntó aquel hombre, diciendo: ¿Qué buscas?" Génesis 37:15

Capítulo 6
Desde la cima de la montaña al Valle

"El Desierto de Parán"
(El Lugar Errante)

"Seis días después, Jesús tomó a Pedro, a Jacobo y a Juan su hermano, y los llevó aparte a un monte alto; y se transfiguró delante de ellos, y resplandeció su rostro como el sol, y sus vestidos se hicieron blancos como la luz. Y he aquí les aparecieron Moisés y Elías, hablando con él." ~Mateo 17:1-3

El deseo de gobernar en los lugares altos es la más antigua travestía en la historia. Desde la traición de Lucifer, a la desobediencia de Adán y Eva, el hombre ha sido tentado en buscar poder y autoridad, en lugar de aprender y crecer en el lugar donde está.

Nos encantan las experiencias en la cima de la montaña con todo lo que conlleva. Estamos fascinados con la influencia y el estatus que se nos otorga en estos lugares. No hay falta de nada, y las preocupaciones del mundo parecen casi imposibles de encontrar en esta esfera. El problema con esta mentalidad, muy similar a la de promoción o de ser promocionado(a), es que las experiencias en la cima de la montaña son sólo eso, experiencias. Estas no son continuas y eventualmente conducirán a un valle. Promoción en el Reino, después de una gran prueba en el

Deborah G. Hunter

desierto, nos lanza a nuestro llamando, pero las experiencias en la cima de la montaña son más de una recompensa diseñada para mostrarnos la bendición de Dios. Él nos permitirá caminar en favor, pero debemos de entender que la adversidad nos pasará a todos nosotros. No somos exentos a las pruebas de la vida sólo porque somos Cristianos.

Las experiencias del valle vienen en muchas formas y para muchas diferentes razones. Dios nos permite entrar en los valles para traernos de vuelta a la realidad, para revelarnos que las cosas materiales y el estatus no nos sostienen sino una relación con Él. Él toma estos momentos para hacernos humildes y para lograr el equilibrio de nuevo en nuestras vidas después de que nos hemos desviado debido a la exposición de los lugares altos. Él no quiere que las cosas nos dominen sino que quiere que utilicemos la bendición de Dios para bendecir a otros y para fortalecer su Reino. Otras formas en la que entramos en los valles es a través de los ataques del enemigo, por ataques de otros y nuestra propia desobediencia que nos lleva hacia allá. No importa el instrumento, Dios siempre hace un camino de escape.

Aunque las cimas de las montañas proveen gran paz y alegría para nosotros, el valle nos brinda mayores oportunidades para aprender y crecer. Es en tiempos de gran adversidad que el espíritu humano es capaz de elevarse por encima de su entorno natural y elevarse a alturas inimaginables. En el valle nos damos cuenta de que las posibilidades en Dios son más superiores a cualquier bendición que Él jamás podría suministrar. Esta es una revelación de la diferencia. ¿Qué es más importante para usted, lo que Dios te puede dar o lo que puedas aprender de Él que te permitirá que andes en verdadero poder y autoridad en esta tierra? Yo no sé de usted, pero la respuesta es evidente para mí. ¡Quiero más de Él! Sé que con él, estoy cubierta, protegida y proveída. No importa lo que enfrente, Él estará allí conmigo.

"Aunque ande en valle de sombra de muerte, No temeré mal alguno, porque tú estarás conmigo; Tu vara y tu cayado me infundirán aliento." (Salmo 23:4)

Los valles son considerados lugares "bajos" mientras que los desiertos representan lugares "secos". Pasar de la cima de la montaña al valle

El Desierto

puede ser emocionalmente y mentalmente muy devastador. Es un cambio muy drástico y nos puede causar el culpar a Dios si no estamos cimentados en la Palabra de Dios. Pero cuando entendemos que Él tiene un propósito en cada temporada, es más probable el crecer y aprender a través del valle así como el Salmista David hizo en la Escritura anterior. Tu valle no es tu destino, pero un pasaje a tu próxima cumbre. Cuanto más rápido aprendes las lecciones necesarias en tu valle más pronto podrás experimentar la bendición de Dios.

Sabemos que los hijos de Israel pasaron cuarenta años vagando en el desierto. De un lugar seco a la siguiente, murmuraban, se quejaban y deseaban estar de vuelta en Egipto. No entendían que ahora eran libres; libres para encontrarse a sí mismos en el Dios que los salvó. En vez de esto, estaban dispuestos a volver a la esclavitud, porque era familiar para ellos. Era más fácil saber lo que debían de esperar, en lugar de caminar con el Señor para encontrar su razón de existencia. Para ellos, la cima de su la montaña era Egipto. ¿Cuántos de nosotros comprometemos nuestra Tierra Prometida porque estamos más a gusto en nuestras "cumbres"? Sabemos que hay más allá afuera, pero el miedo de perder lo que tenemos nos paraliza y nos hace perder nuestros verdaderos destinos. Esto es sin duda un truco del enemigo. Él usa la fama, la fortuna, y el "centro de atención" para atraernos a estos lugares altos, tratando de hacernos creer que es Dios quien nos está bendiciendo o dándonos Su favor. Si Él lo intentó con Jesús, ¿por qué crees que no lo intentará con nosotros?

"Otra vez le llevó el diablo a un monte muy alto, y le mostró todos los reinos del mundo y la gloria de ellos, y le dijo: Todo esto te daré, si postrado me adorares." (Mateo 4:8-9)

Vemos este espíritu tan extendido en nuestro mundo de hoy. Todo el mundo está en busca de fama y fortuna, deseando sus nombres en luces. Competencia en todas las áreas del mercado se ha desplazado a sus mayores alturas, y se considera un "perro se come a un perro" tipo de mundo (esto es una expresión que significa que las personas no van a tratar a los demás como seres humanos cuando se trata de ellos conseguir lo que quieren). Ya no hay más respeto, no hay más lealtad, y no hay más compasión hacia nuestro prójimo. Es tan malvado que las personas se estén matando unos a otros, a fin de llegar "a la cima" de su juego o de oficio. El espíritu de engaño es tan fuerte en nuestro mundo de hoy que la gente en los "lugares altos" literalmente controla cada aspecto de nuestra sociedad. Si usted no vende suficiente música o trae los números a las Taquilleras, te remueven de la "cima de la montaña" o cumbres altas y te dejan tan roto y deprimido que no tienes ninguna esperanza de vivir más.

Este espíritu es muy real y ha encontrado su camino en el Cuerpo de Cristo. Ya nada es sagrado. Nosotros no entendemos que el Reino de Dios no opera como el mundo. Nuestro objetivo principal no es la fortuna o la fama, es el Reino. "Más buscad primeramente el reino de Dios y su justicia y todo estas cosas os serán añadidas" (Mateo 6:33). El enemigo se ha deslizado en nuestras asambleas sagradas y ha contaminado los dones de los Creyentes. Incluso lo hemos invitado a través de nuestra ignorancia. Durante la última década la Iglesia ha adoptado esta idea de que tenemos que llevar el "Mercado" a la casa de Dios. Ha causado que el espíritu de orgullo, de codicia y "estatus" se infiltre en lo que estaba destinado a ser santo. Si nosotros tomamos la Palabra de Dios y la leemos de vez en cuando, no caeríamos en tantas trampas como lo hacemos hoy.

"Y entró Jesús en el templo de Dios, y echó fuera a todos los que vendían y compraban en el templo, y volcó las mesas de los cambistas, y las sillas de los que vendían palomas; y les dijo: Escrito está: Mi casa, casa de oración será llamada; mas vosotros la habéis hecho cueva de ladrones." (Mateo 21:12-13)

Jesús mismo comprendió las implicaciones de los "lugares altos," o las cimas de las montañas. Satanás le ofreció todos los reinos del mundo si él tan solo se postraba y le adorará. Esto es en lo que muchos creyentes se encuentran atrapados en la actualidad. En lugar de buscar el Reino permiten que esa pequeña voz que suena RUIDOSA les persuada de que sus dones no están siendo reconocidos en la Iglesia. Importante tener en cuenta: De estas dos voces que oigas, la voz del enemigo es pequeña y RUIDOSA, mientras que la voz del Señor es conocida como un "silbo apacible y delicada". El enemigo siempre amplificará que se trata todo acerca de ti, que nadie entiende lo que estás atravesando. Él te dirá que "ve por ello" sin ninguna búsqueda de oración al respecto. Su deseo es que usted se envanezca con orgullo y agendas personales u egoístas hasta el punto de despedir por completo a Dios de su vida. ¡No se deje engañar! Entienda que en este caminar con Dios seguramente pasaremos por valles y desiertos para que seamos entrenados a andar como él anduvo y no perdernos en los "lugares altos".

Dios permite que las experiencias del valle nos enseñen grandes lecciones de la vida. El sufrimiento no siempre se siente bien, pero produce absolutamente mucho fruto en nuestras vidas. Nos lleva al lugar de total entrega al Señor y nos provee un nivel de confianza que no tiene comparación. Es en los momentos difíciles donde aprendemos a confiar en Dios, no en nuestros tiempos de bendición y de aumento. En nuestro valle, somos más capaces de ver a Dios por quién es él; nuestro Protector, nuestro Proveedor, nuestro Sanador, nuestro Redentor. Si no vamos a través de nuestro valle, ¿cómo vamos a saber quién es Dios? Si nos quedamos en nuestras "cumbres" o en la nuestra "cima de la montaña," nunca tendríamos necesidad del Padre.

Lamentablemente, vemos que esto ocurre en la Cristiandad. Nosotros predicamos acerca de Cristo, pero no tenemos ninguna relación con Él. Su nombre se utiliza para predicar sermones fabulosos que tienen a personas corriendo hacia el altar con dinero, se utiliza en canciones que están vacías de Su Espíritu, todo en un esfuerzo por hacer dinero, y se manipula en las películas para atraer multitudes desprevenidos que se niegan a ver que Él no está presente en ellas. El nombre de Jesús es muy valioso y el enemigo utilizará todas las herramientas disponibles a su alcance para manipularlo para su beneficio, incluyendo a usted y a mí. ¡No se deje engañar! Abrace a su valle, para que Dios haga crecer su Espíritu dentro de ti.

El desierto de Parán es considerado como el "Lugar de Errante". En nuestro estudio de los hijos de Israel sabemos que su viaje solamente se suponía que era una jornada de once días. Si ellos se hubieran entregados y rendido al Señor, ellos hubieran aprendido valiosas lecciones diseñadas para impulsarlos hacia su Tierra Prometida. En cambio hicieron todo menos darle gracias a Dios por rescatarlos del brazo fuerte de Faraón. Su breve viaje se convirtió en un lapso de cuarenta años que dejó aquel desierto como el lugar de entierro de muchos de ellos. Les tomó a ellos sólo tres días en viajar desde el Desierto de Sinaí al Desierto de Parán. Algunas lecciones, si se aprenden rápidamente, le llevarán fuera del desierto, o valle, pero si resistes al trabajo de Dios en tu vida, puedes encontrarte pasando el resto de tu vida errando en busca de tu Tierra Prometida.

"En el año segundo, en el mes segundo, a los veinte días del mes, la nube se alzó del tabernáculo del testimonio. Y partieron los hijos de Israel del desierto de Sinaí según el orden de marcha; y se detuvo la nube en el desierto de Parán.... Así partieron del monte de Jehová camino de tres días; y el arca del pacto de Jehová fue delante de ellos camino de tres días, buscándoles lugar de descanso." (Números 10:11-12, 33)

Su próxima lección, sin embargo, resultó fatal para muchos, por lo que ellos pasaron los próximos treinta y ocho años en el Desierto de Parán. Ellos vagaron, algunos, por el resto de sus vidas. No permitas que el orgullo y la rebelión eviten que entres a tu destino. Es una cosa triste ver a la gente errar toda su vida, cuando lo único que tenían que hacer era someterse a la voluntad de Dios y a Su proceso para sus vidas. Una de las mejores maneras de soportar estos desiertos o valles, en estos tiempos es incorporar un estilo de vida ayuno y oración.

Debemos de enfocar nuestra atención en el Señor en lugar de las situaciones que nos rodean. En Mateo capítulo cuatro, después de Jesús fue llevado por el Espíritu al desierto, dice que él ayunó por cuarenta días y cuarenta noches. Él estaba siendo preparado para las tentaciones el enemigo estaba a punto de desatar sobre Él. Cuando Dios nos envía a un desierto, hay un gran propósito para ello. La prueba de nuestra fe produce paciencia, y cada prueba superada crea en nosotros el espíritu de un vencedor. Entonces estamos "preparados" para esas cimas o cumbres, porque entenderemos cómo apreciar la bendición sin esta se apodere de nuestras vidas y nos aleje lejos de Dios.

Aunque los valles y los desiertos son necesarios, Dios nos suple a nosotros con experiencias de la cima de la montaña. A lo largo de los Evangelios, vemos donde Dios lleva a Jesús hasta las cimas de la montaña a orar. Estos son tiempos de gran refrigerio y crecimiento espiritual.

El Desierto

Llegamos a ser íntimamente entronizados por el amor, la compasión, y la gracia del Padre. Nuestra es restaurada y nuestra confianza en Él se profundiza en gran medida. Pero sabemos que Jesús eventualmente tuvo que bajar de esas montañas. Su tiempo en la presencia de Su Padre le dio vigor y le fortaleció para poder enfrentarse a todo lo que estaba en el valle. Demos un vistazo a una experiencia destinada en la cima de la montaña preparada por Dios para los discípulos Pedro, Santiago y Juan.

"Seis días después, Jesús tomó a Pedro, a Jacobo y a Juan su hermano, y los llevó aparte a un monte alto; y se transfiguró delante de ellos, y resplandeció su rostro como el sol, y sus vestidos se hicieron blancos como la luz. Y he aquí les aparecieron Moisés y Elías, hablando con él. Entonces Pedro dijo a Jesús: Señor, bueno es para nosotros que estemos aquí; si quieres, hagamos aquí tres enramadas: una para ti, otra para Moisés, y otra para Elías. Mientras él aún hablaba, una nube de luz los cubrió; y he aquí una voz desde la nube, que decía: Este es mi Hijo amado, en quien tengo complacencia; a él oíd. Al oír esto los discípulos, se postraron sobre sus rostros, y tuvieron gran temor." (Mateo 17:1-6)

Los discípulos eran muy conscientes de que Jesús pasaba con frecuencia tiempo en las cimas de las montañas. Ellos sabían que estos tiempos producían grandes frutos en el ministerio de Jesús, ya que cada vez que Él descendía, Él tenía palabras que cambiaban las vidas o lo impulsaban a grandes estaciones de sanidad y liberación. Pedro, Santiago y Juan debieron haber sido muy emocionados para ser invitados a la cima de la montaña por Jesús. ¿Se llegarían a experimentar el mismo nivel de presencia con la que su Señor se encontró en la cima de la montaña? ¿Poco desconocían que esta experiencia en la cima de la montaña haría cambiar sus vidas para siempre? Impactó tanto a Pedro hasta tal punto que él quiso levantar tiendas de campaña para Jesús, para Moisés y para Elías y quería permanecer allí por más tiempo.

Lo que Pedro falló en reconocer fue que él estaba en medio de su preparación. Dios estaba revelándole a él y a los otros discípulos que Jesús era exactamente quien Él dijo que Él era, y Dios lo confirmó, no sólo a través de la transfiguración, pero también por los testigos de Moisés y Elías. Pedro no tenía la muerte de Jesús en su mente, a pesar de que unos pocos versículos antes, Jesús lo estaba preparando para esto.

Deborah G. Hunter

Pedro estaba enfocado en la cima de la montaña, mientras que Jesús estaba preparado para el valle. Tenemos que mantener nuestros corazones y mentes enfocados en el Reino. Perdemos de vista el Reino cuando experiencias temporales en la cima de la montaña atraen nuestra atención, y creemos que hemos llegado a nuestra cúspide.

Si fuera por Pedro, Jesús se hubiera quedado en Su gloria en la cima de la montaña, en lugar de caminar a través del valle de Cedrón en Su camino al Calvario. Jesús tuvo que reprender a Pedro varias veces por no comprender la importancia de su jornada. Él quería la experiencia en la cima de la montaña con Jesús, pero no estaba dispuesto a caminar por el valle con Él. Tenemos que aprender a caminar por el valle con los demás, antes de esperar participar de sus experiencias en la cima de su montaña. El carácter se desarrolla en el valle y en el desierto. Dios no está interesado en lo que nos hace felices o cómodos; Él está preocupado con nuestro desarrollo espiritual. Tu tiempo y tu prueba en el valle dependen totalmente de Dios. Él sabe exactamente lo que necesitamos y cuánto tiempo tenemos que permanecer allí. Nuestra voluntad de aceptar el trabajo en nuestras vidas determinará si nuestra estadía será extendida, al igual como fue a los hijos de Israel en el desierto.

Dios me preparó al principio en mí caminar con Él. Él inculcó la importancia de la humildad, el carácter y la integridad. Mi corazón fue lavado con Su Palabra, inspirado por su Espíritu, y antes de yo saberlo, Él ha había puesto su corazón en el mío. Comprendí que los "lugares altos" eran muy peligrosos si no tenía Su sabiduría acerca de ellos. Dios me enseñó rápidamente a alejarme de los apetitos mundanos y la necesidad de mantener un título. Yo era la misma con o sin una etiqueta con mi nombre, y al único que estaba exaltando era a Jesús.

Él también me amonestó a nunca exaltar a un hombre o mujer de Dios como una celebridad. Mi oración es que el Cuerpo de Cristo se devuelva del actual estado en el que se encuentra por este "estatus de celebridad" que asola nuestras iglesias. Esta no es la voluntad de Dios para nosotros, y esto aflige absolutamente Su corazón. Hay los tiempos y las estaciones donde la necesidad de elevarnos vendrá, pero es SOLO para Su sumo propósito, no el nuestro. Guarda tu corazón y quédate cerca de Su presencia. Él te guiará.

El Desierto

A lo largo de todo, vamos a tener momentos bajos en los valles y momentos altos en la cima de la montaña. Es crucial entender la importancia de cada uno, para que no estemos enredados con el mundo o deprimidos en el valle. Confía en Dios con todo tu su corazón y permítele enseñarte y entrenarte en Su perfecta voluntad. Mientras le permites que Él te guíe, crecerás en sabiduría, conocimiento y entendiendo.

Consejos del Capítulo

#18: La cimas de la montañas eventualmente conducirán a valles bajos.

Todos, en algún momento de sus vidas, experimentarán la altitud de la cima de la montaña y un valle bajo. Es inevitable. Pregúntales a algunos de los personajes más famosos de la tierra y muchos de ellos le dirán que desearían poder vivir vidas "normales." Una vida rápida nos agota y nos vacía de las cruciales experiencias del valle que son necesarias para desarrollar el carácter, así como el equilibrio en nuestras vidas. Vemos, con demasiada frecuencia, las celebridades o figuras políticas que viven toda su vida en la "cima de la montaña" y perderse allí, porque no han tenido algún desarrollo en el valle. No te pierdas siendo el enfoque. Pon el enfoque en Él, y engrandece Su nombre y Él te guiará.

#19: Sea consciente de los "lugares altos".

Porque no tenemos lucha contra sangre y carne, sino contra principados, contra potestades, contra los gobernadores de las tinieblas de este siglo, contra huestes espirituales de maldad en las regiones celestes (Efesios 6:12). Los medios de comunicación crean a Hollywood y la "vida hermosa" para parecer tan atractiva. Mansiones, limusinas, vehículos deportivos, ropa, joyas, premios, reconocimientos, notoriedad, estatus, fama, y cosas similares son alentadas y aplaudidas ya que es el "Sueño Americano." Lo que no nos damos cuenta es que entre más alto subamos, mayores son los demonios. Satanás y sus ángeles residen en los "lugares celestiales," o la zona de la atmósfera entre el Cielo y la

Tierra. Él no te puede ofrecer el Cielo, ya que no es el suyo para dar; fue expulsado. Pero lo que él puede tratar de hacer es ofrecernos los "lugares altos" en la Tierra, para que nos postremos y le adoraremos. No te puedes postrar ante aquello que está debajo de ti, sólo se puede ofrecer reverencia a lo que estas mirando hacia arriba. ¡Mira al Señor tu Dios, y pon a ese diablo debajo de tus sus pies!

#20: Mantén tu enfoque en lo que Dios te ha llamado a hacer.

Muchas distracciones son enviados a nosotros para sacarnos fuera de nuestro curso y nos hacen perder el llamado de Dios en nuestras vidas. Muchas cosas se disfrazan para parecerse a la voluntad de Dios, pero si eres fiel a tu proceso en el desierto, estarás preparado para detectar lo real de lo falso. Reconoce quién eres y a lo que Dios te ha llamado a hacer y no serás engañado.

#21: Resiste los impulsos de la tentación.

"Someteos, pues, a Dios. Resistid al diablo, y huirá de vosotros." ¡Y Punto!" (Santiago 4:7).

"Pues estoy convencido de que ni la muerte ni la vida, ni los ángeles ni los demonios, ni lo presente ni lo por venir, ni los poderes, ni lo alto ni lo profundo, ni cosa alguna en toda la creación, podrá apartarnos del amor que Dios nos ha manifestado en Cristo Jesús nuestro Señor." Romanos 8:38-39, (NVI)

Capítulo 7
Sepárate
"El Desierto de Sur"
(El Lugar de Separación)

> "Por lo cual, Salid de en medio de ellos, y apartaos, dice el Señor,
> Y no toquéis lo inmundo; Y yo os recibiré,"
> ~2 Corintios 6:17

La vida de un Nazareno en los tiempos bíblicos era un estilo de vida muy honorable. Nazarenos eran considerados personas apartadas para Dios. Habían directrices muy estrictas ellos tenían que seguir con el fin de ser utilizados por Dios. Desde antes de la concepción en su vientre, Dios le habló a la esposa de Manoa, de la ciudad de Zora, que concebiría un hijo. El Señor le advirtió de tener cuidado de no beber vino o cualquier otra bebida similar y de no comer nada impuro mientras ella llevaba su hijo en el vientre. Inmediatamente después de la proclamación de la apertura de su vientre, el ángel del Señor comenzó a trazar, paso a paso, instrucciones específicas a la mujer en relación con el niño por nacer.

"Pues he aquí que concebirás y darás a luz un hijo; y navaja no pasará sobre su cabeza, porque el niño será nazareo a Dios desde su nacimiento, y él comenzará a salvar a Israel de mano de los filisteos." (Jueces 13:5)

Viviendo el voto nazareo era un reconocimiento público de apartarse de cualquier cosa que pudiera impedir a uno en agradar a Dios y en el caminar en la plenitud de su vocación desde el nacimiento. Vamos a estudiar varias de las restricciones de la forma de vida del Nazareno y la forma en que se relacionan a nosotros, como Creyentes en Cristo Jesús en el día de hoy. La primera directriz dada a la madre, mientras el niño estaba en el vientre, era abstenerse de vino y de bebidas fuertes. El propósito de esto era conservarse limpio de placeres mundanos. El vino era hecho con uvas fermentadas, por lo que era visto como podrido, lo que nos llevaría hacia el pecado del mundo. Abstenerse de bebidas fuertes era un como una clase de ayuno, diseñado para conducirlos más cerca al Señor. Para nosotros, esto significa que estamos llamados a vivir en este mundo, pero no del. Dios quiere que mantenernos sin mancha del mundo. Las concupiscencias de este mundo como el dinero, la fama, y el estatus nos alejan de Dios. Él desea intimidad con nosotros, así que tenemos que entender que tenemos no se puede tener ambas cosas. Guárdate de estas cosas y reemplázalas con la Palabra de Dios, en oración, ayuno y simplemente tiempo en Su presencia, lo que esto signifique para usted.

Otra instrucción era el hacer crecer su pelo largo y nunca cortarlo. Esto simbolizaba a una persona que estaba viviendo bajo la autoridad y cobertura de otra persona. Hoy en día, estamos cubiertos y bajo la autoridad de Jesucristo. Mientras sometemos nuestras vidas a Él, le revelamos al mundo un mayor testimonio anterior a los rituales de los Nazarenos. Cuando vivimos nuestras vidas de acuerdo a la Palabra de Dios, revelamos nuestra entrega total al Señor y otros serán impactados por nuestra obediencia. Toma la decisión de ser una luz en la vida de otra persona.

Por último, el Nazareo no podía ir cerca de un cuerpo muerto. Si lo hacían, serían considerados impuros o manchados por la muerte espiritual. Como Cristianos, se nos ordena mantenernos apartados de cualquier y todo pecado. Cuando no lo hacemos, es muy fácil caer en las cosas del mundo y nuestra integridad espiritual es contaminada. Muchas personas están cayendo lejos de Cristo hoy en día. El mundo se está chupando la vida fuera de ellos, y dejándolos indefensos y sin esperanza. Estamos comprometiendo nuestro caminar espiritual al aceptar prácticas mundanas e ideas, todo en nombre de no ofender a aquellos que no conocen a Jesús como su Señor y Salvador. Nuestra sal está perdiendo su sabor y nuestra luz se está obscureciendo porque estamos permitiendo lo que es "impuro" entre en nuestras vidas cotidianas. Es muy importante proteger las puertas de nuestras vidas, nuestros ojos, oídos y boca. Lo que permitimos que entre a lo largo va a salir. Los Nazarenos entendieron estos principios y protegían sus vidas al máximo para que Dios pudiera revelar Su gloria a través de ellos. Sus actos de obediencia eran una sombra de lo que vendría a través de la vida, la sepultura y la resurrección de Jesucristo, y cómo nosotros, como Cristianos de hoy, someteríamos nuestras vidas bajo Su cobertura. ¡Qué belleza en una vida rendida, sometida, y sí, una vida separada!

Jesús mismo era considerado del linaje Nazareno. La Palabra de Dios en el Antiguo Testamento profetizó que Jesús habitaría en Nazaret.

"… y vino y habitó en la ciudad que se llama Nazaret, para que se cumpliese lo que fue dicho por los profetas, que habría de ser llamado nazareno." (Mateo 2:23)

¡Qué mejor ejemplo para nosotros seguir que a Jesucristo! Se separó a sí mismo para Dios y la voluntad de Dios para Su vida. Múltiples veces a través del Nuevo Testamento, vemos a nuestro Señor separarse de las multitudes para ir a la cima de la montaña para orar. Ayunaba a menudo y se mantuvo sin mancha del mundo. Aunque fue tentado, como nosotros, él estuvo libre de pecado, el sumo Nazareno.

En esta coyuntura en mi desierto, ¿yo no entendía por qué el Señor estaba quitando gente de mi vida? Siempre fui una personal relacional. Las relaciones eran y siguen siendo muy importantes para mí, pero lo que no me di de cuenta era que ciertas amistades/relaciones eran tóxicas. Dios me reveló que yo estaba sirviéndoles como un dios en sus vidas. No importando qué consejo espiritual o aviso les daba, no tenían ninguna intención de buscar a Dios para su transformación. Querían a alguien para estar de acuerdo con ellos, en lugar de rendirse y permitir que Dios les mostrara su reflejo en el espejo. Amaba tan profundamente que no me quería ver a la gente ir a través del desierto, pero no entendía que esto es era EXACTAMENT donde Dios quería que ellos viajaran. Él también comenzó a eliminar gente de mi vida que no se suponía que estuvieran en ella de todas formas.

Deborah G. Hunter

Por favor, busque al Señor para sus amistades, relaciones, e incluso socios de negocios que Él ha predestinado para ti. Las personas con la que están conectadas a ti tienen un papel muy importante en tu destino. Asegúrese de que la gente correcta está en su vida en el momento adecuado. De ninguna manera esto implica que tengas una postura altiva o egoísta en lo que respecta a las personas. Estamos llamados a amar, a orar y bendecir incluso a nuestros enemigos, pero lo que sí insta es ser muy selectivo a quien permites en tu íntimo espacio y con quién pasas la mayor parte de tu tiempo. Dios me habló una palabra muy clara de "guardar mi corazón "durante este tiempo. No la recibí por mí misma, porque yo estaba tan consumida en tratar de ayudar a otros. Asumí que era para alguien más, hasta que realmente él comenzó a abrir esta palabra para mí. Él estaba tratando de protegerme de lo que iba a ocurrir.

El último punto que quiero mencionar a lo que se refiere a Dios separarnos de los demás es muy similar a la tradición de los Nazarenos. Fueron separados de tales maneras, por lo que Dios fue capaz de utilizarlos. A veces, Él nos separa de personas que nunca esperábamos ser separadas. Ninguna de las situaciones antes mencionadas aplican y estas absolutamente tomado por sorpresa cuando Dios quita a alguien de tu vida que no ha hecho nada malo, que era leal, quien te apoyó, y que pensabas que estaría siempre en tu vida. Tenemos que confiar en Dios que Él sabe lo que necesitamos y a quien necesitamos en nuestras vidas, y en qué temporadas. Las temporadas cambian y tenemos que movernos con ellas. Si traemos a gente en las nuevas temporadas que fueron ordenadas para nuestra pasada temporada, vamos a obstaculizar lo que Dios quiere hacer en nuestras vidas. Esto no es fácil, y requiere de mucha madurez. Una forma de verlo es que si Dios que te está llevando a una nueva temporada, también está haciendo lo mismo por ellos. Él tiene propósito para cada uno de Sus hijos. Permitimos que la ofensa se arraigue cuando no estamos cimentados en su Palabra y guiados por su Espíritu.

He sido testigo del espíritu de orgullo y de arrogancia apoderarse de personas que están siendo giradas a una nueva temporada. Hacen que la gente se sienta como si algo está mal con ellos y que Dios los está removiendo de sus vidas, ya que estos tienen un tremendo llamado sobre sus vidas. ¡Dios no trabaja así! Esta es una razón clásica por qué algunas

96

El Desierto

personas son conducidas a su desierto, porque hay algunas cosas que necesitan ser removidos de sus vidas antes de que Dios pueda usarlas. Si el Espíritu no está alineado con la Palabra, ¡esto no es Dios! Es así de simple.

Yo luché contra Dios en varias ocasiones. Yo no me separé cuando en el fondo sabía que él estaba removiendo gente de mi vida. Yo solo quería retenerlas mientras más podía, y no sólo afectó a mi vida, pero sus vidas también. La verdadera madurez espiritual escucha a Dios y hace exactamente lo que Él nos dice que hagamos, no importando lo que digan nuestros sentimientos. Dios no está preocupado por nuestras emociones; Él se enfoca en nuestro crecimiento y en llevarnos a nuestro esperado final. No luches contra Dios. Escúchalo a Él, confía en Él, y haz lo que Él te dice que hagas. Él nos ama y ha trazado nuestras jornadas. Él nos guiará en cada paso del camino.... a todos nosotros. Todos somos un pedazo del final rompecabezas de la vida. Ora para que tu hermano y tu hermana también lleguen a su fin previsto. El desierto tiene que ver con el desarrollar la imagen y semejanza de nuestro Padre. Al final del día, debemos de estar haciendo lo que él ya ha hecho.

El Desierto de Sur es considerado el "Lugar de Aislamiento," o separación. Sur fue el primer lugar donde los Israelitas se detuvieron después de salir del Mar Rojo. La representación es muy crucial, ya que los hijos de Israel habían estado en la esclavitud durante toda su vida. No sabían nada más que el cautiverio y la opresión. Dios tuvo que pararlos en este lugar de la "separación" no sólo para mostrarles que no eran quien dijo Faraón dijo eran, sino también para revelarles a ellos que ya no tenían que pensar de esta manera de sí mismos. Cuando venimos a Cristo, nuestras mentes tienen que ser transformado por la Palabra de Dios, como Él nos ve. (Romanos 12:2) Cruzando desde el Mar Rojo fue su experiencia de "salvación". Ahora, Dios necesitaba para aislarlos para derramar en ellos quién él era y quiénes eran ellos en él.

"E hizo Moisés que partiese Israel del Mar Rojo, y salieron al desierto de Shur; y anduvieron tres días por el desierto sin hallar agua. Y llegaron a Mara, y no pudieron beber las aguas de Mara, porque eran amargas; por eso le pusieron el nombre de Mara. Entonces el pueblo murmuró contra Moisés, y dijo: ¿Qué hemos de beber? Y Moisés clamó a Jehová, y Jehová le mostró un árbol; y lo echó en las aguas, y las aguas se endulzaron. Allí les dio estatutos y ordenanzas, y allí los probó; y dijo: Si oyeres atentamente la voz de Jehová tu Dios, e hicieres lo recto delante de sus ojos, y dieres oído a sus mandamientos, y guardares todos sus estatutos, ninguna enfermedad de las que envié a los egipcios te enviaré a ti; porque yo soy Jehová tu sanador." (Éxodo 15:22-26)

Los Israelitas fueron separados inmediatamente a su primera jornada en el desierto. Tuvieron que aprender muy rápidamente que a pesar de que estaban fuera de la esclavitud, todavía tenían que aprender sobre la obediencia. Excepto, esta obediencia no fue golpeada en ellos. Dios les dio libre albedrío para escoger seguirle a Él. Tenían que entender que su nueva libertad no les dio un boleto gratis para hacer lo que quisieran, pero Él les estaba produciendo carácter a través de su proceso. Se encontraron con la ciudad de Mara y las aguas eran amargas, no pudieron beber de estos manantiales. Por favor, comprenda que su jornada a través de tu desierto hará producir temporadas amargas, pero ten ánimo, Dios proveerá alivio cuando clamas a Él. Cuando Moisés clamó a Dios, Él proveyó un "árbol" para colocarlo en las aguas para hacerlas dulce. Este árbol representa la cruz de Jesucristo. Al permitir que el Señor entre en tus situaciones, lo amargo huirá y el dulce fruto del Espíritu aparecerá.

Sé paciente y mantén tu corazón y tus oídos abiertos a Su Espíritu. Abraza tu desierto y permítele a Él que te transforme. Aunque Dios tiene la profundidad y la duración de nuestros desiertos en sus manos, podemos prolongar nuestra estancia allí a través de la desobediencia y la rebelión. No seas como los hijos de Israel que estuvieron vagando en el desierto durante cuarenta años. Dios tiene mucho para que hagamos en esta tierra. Mucha gente nos necesita íntegros y completos, y en nuestra autoridad legítima.

Un Nazareno en particular, Sansón, fue apartado desde el vientre de su madre. Hemos discutido anteriormente como el ángel del Señor se reunió con su madre y le dio instrucciones específicas de cómo llevarlo y criarlo. Ella siguió las instrucciones y confió en Dios, hasta el punto de persuadir a su marido, Manoa, que Dios no se habría revelado asimismo a ellos, haber aceptado las ofrendas y hablarles sobre el futuro de su hijo si Él los iba a matar. Ella estaba absolutamente convencida de que Dios llevaría a cabo sus promesas en sus vidas.

"Y la mujer dio a luz un hijo, y le puso por nombre Sansón. Y el niño creció, y Jehová lo bendijo. Y el Espíritu de Jehová comenzó a manifestarse en él en los campamentos de Dan, entre Zora y Estaol." (Jueces 13:24-25)

El voto Nazareo de separación de las cosas "impuras" le permitía al Espíritu del Señor reposar sobre los que fielmente observaban estos rituales. Se dice que él creció y el Señor lo bendijo, y el Espíritu de la Señor movía sobre él. Muchos de nosotros queremos que Dios nos use. Deseamos la opulencia sin la obediencia. Queremos que la unción sin estar de acuerdo. Pero te prometo si no te separas de las cosas de este mundo, la mano de Dios no está sobre ti. Hay demasiados que se confiesan como apóstoles, profetas, evangelistas, pastores, maestros y toda clase de líder en el Cuerpo de Cristo, ¡que están operando en la brujería! Han negado el proceso del desierto porque sentían que estaban listos para el ministerio. No podían esperar a que Dios hiciera Su obra en ellos, por lo que se encargaron ellos mismos para iniciar sus propios ministerios. Muchos están en estilos de vida de profundo pecado, pero todavía caminan audazmente al púlpito cada domingo por la mañana pensando que Dios los está usando, y que su Espíritu está sobre ellos. ¡Esto es rebelión!

"Porque como pecado de adivinación es la rebelión, y como ídolos e idolatría la obstinación. Por cuanto tú desechaste la palabra de Jehová, él también te ha desechado para que no seas rey." (1 Samuel 15:23)

¡Su Palabra es verdad! Él no miente. ¡Ríndete, sométete y arrepiéntete! Él te perdonará y comenzará su obra perfecta una vez más en ti. Esto no quiere decir que jamás tendrás que caminar de nuevo en esta posición de autoridad, significa que Él puede y te restaurará a tu lugar legítimo en comunión con Él. He visto, una y otra vez, a los ministros del Evangelio caer en el pecado y en tentación y ESPERAR ser restaurados a sus posiciones. ¡Esto es el orgullo y arrogancia! ¡Es egoísmo! Tu único deseo debe de ser el pedir al Señor que te perdone, así como aquellos que tú mismo has herido, y permitiéndole a Dios que te sane, te rescate y

Deborah G. Hunter

te ponga en libertad. Esta palabra en I Samuel dice le "negó" que fuese rey. Dios canceló la asignación en la vida de este rey para gobernar y reinar en este reino. Él lo pudo haber bajado de autoridad, pero el deseo de Dios es el restaurarnos a todos. Restauración no significa re-instalar y no significa restauración en el sentido de títulos o posiciones terrenales sino la postura de nuestros corazones y posición correcta con Él. Saúl, en esta Escritura, tuvo muchas oportunidades para arrepentirse y alejarse de su maldad y formas rebeldes, pero su posición significaba más para él que su carácter. Su orgullo, arrogancia y celos le causó no sólo perder su reino, sino también su vida. Pongámonos todos a examinar nuestros motivos e intenciones diariamente, para que podamos caminar libremente en la voluntad de Dios para nuestras vidas.

Sansón fue criado en gran separación. Él sabía que el llamado de Dios estaba sobre su vida y fue entrenado en los caminos del Señor. Él entendía las implicaciones de lo "impuro," pero las tentaciones de su desierto eran inevitables. Así como Jesús fue llevado a Su desierto, así también lo fue Sansón. Después de cada promoción, hay una estación de pruebas. ¿Pasaría él la prueba? La Palabra dice que descendió a Timnat. Las Escrituras saltan desde su nacimiento, a haber ya crecido, en ser bendecido por Dios, luego el Espíritu del Señor posa sobre él en un versículo y al siguiente verso en el Capítulo 14 él haber dejado su cobertura para aventurarse a ir "abajo" a Timnat. Cada uno de nosotros será enviado a nuestro desierto para probar si estamos listos para nuestras asignaciones. Él vio a una mujer que era hija de los Filisteos y la deseó. Le contó a su madre y padre de ella, y con valentía les dijo "tomádmela a mí como una esposa". Ahora Sansón no había conocido a esta mujer ni jamás la había visto antes de este momento, pero él había sido separado toda su vida en los caminos de los Nazareos. El conocía al Señor y fue entrenado en el Espíritu.

"Más su padre y su madre no sabían que esto venía de Jehová, porque él buscaba ocasión contra los filisteos; pues en aquel tiempo los filisteos dominaban sobre Israel." (Jueces 14:4)

Muchos de nosotros no entendemos por qué Dios hace lo que hace a veces. Suponemos que Dios va a planificar nuestras vidas a nuestro "gusto," o que él se alineará con nuestras propias voluntades. Vemos a lo

El Desierto

largo de toda las Escritura que es lo contrario. Tenemos que entender que estamos aquí en esta tierra en una asignación. Es para Sus propósitos, y cuando damos nuestras vidas a Él, ya no se trata de nosotros y de lo que deseamos, pero en totalidad lo Él quiera hacer a través de nosotros para llegar a un mundo perdido y moribundo. Pregúntese si usted está realmente dispuesto a dar su vida por Cristo.

En su camino para conocer a esta mujer, el Espíritu del Señor vino en gran medida sobre Sansón. Él había viajado con su madre y padre, de acuerdo a la Palabra, a las viñas de Timnat. Una de las instrucciones del ángel del Señor para el Nazareo era el no beber vino o cualquier bebida fuerte. Un joven león lo encontró en su jornada, y la Biblia nos relata que él lo despedazó con sus propias manos. Dios le estaba mostrando algo a través de esta prueba. Era una advertencia, recordándole de sus votos como un Nazareo. Él estaba peligrosamente cerca de comprometerse a sí mismo. Derrotó al león y en ninguna parte se menciona que comió o bebió de la vid, el pasó esta prueba. En nuestra jornada a través de nuestro desierto, en nuestro camino hacia nuestra Promesa, tentaciones se presentarán ante nosotros para desviarnos del camino. Tenemos que recordarnos del propósito y mantener nuestro enfoque. Pero tambien debemos de conocer que "Mayor es el que está en vosotros, que el que está en el mundo" (1 Juan 4:4). Charles Spurgeon lo expresó de esta manera:

"Si ese león rugiente, que va continuamente en busca a quien devorar, nos encuentra solos entre los viñedos de los Filisteos, ¿dónde está nuestra esperanza? No nuestros talones, es más rápido que nosotros: no en nuestras armas, estamos naturalmente sin armas: no en nuestras manos, que son débiles y languideces; sino en el Espíritu de Dios, por el cual podemos hacer todas las cosas. Si Dios pelea en nosotros, ¿quién nos puede resistir? Hay un león más fuerte en nosotros que contra nosotros."

Ahora cuando él había vuelto a Timnat para recobrar a su mujer, fue encontrado en el camino por el cuerpo del león que él había matado. Vamos a parar aquí por un momento. Esta fue su segunda prueba. En ninguna parte se dice que Sansón se enamoró de esta mujer o que él tenía sentimientos por ella. Simplemente se afirma en varios versos que él la vio y ella le agradó. Muchas veces, Dios nos dará una misión para cumplir. Nosotros sabemos el plan y entendemos los requisitos para llevarlo a cabo, pero lo que "vemos" se hace más atractivo para nosotros que lo que sabemos acerca de la asignación. Sansón se preocupaba más por lo que le parecía a él, en lugar de como se vería a Dios. Sus placeres lo mantenían llevando a hacer cosas en contra de lo que él sabía que era lo correcto

"Y volviendo después de algunos días para tomarla, se apartó del camino para ver el cuerpo muerto del león; y he aquí que en el cuerpo del león había un enjambre de abejas, y un panal de miel. Y tomándolo en sus manos, se fue comiéndolo por el camino; y cuando alcanzó a su padre y a su madre, les dio también a ellos que comiesen; mas no les descubrió que había tomado aquella miel del cuerpo del león." (Jueces 14:8-9)

La anomalía en este asunto es que Sansón sabía que él no podía tocar nada muerto pues esto que lo haría impuro. Y en segundo lugar, Dios lo acababa de usar para derrotar a este animal. ¿Por qué él regresaría a comer de algo que Dios lo usó para destruir? Dios no le había dicho que este animal sería el su sustento. Al permitir que sus sentidos se apoderaran de él, en vez de la sabiduría con la cual creció, Sansón permitió que placeres anularan su propósito. Él no sólo comió de la miel, pero también él les dio a sus padres, sin que ellos supieran que era un animal impuro. Entre más permitimos que nuestros placeres nos tienten, más crecerá el pecado en nuestras vidas, y no sólo nos afectará a nosotros sino también a los que nos rodean. Sé muy consciente de mantener tus ojos en Jesús. Tu enfoque debe ser siempre en el Señor y en lo que Él te está llamando a hacer. El enemigo intentará tentarnos de todas formas para que no cumplamos nuestro propósito. ¡Separarte a ti mismo!

El sacerdocio Levítico fue comisionado en las mismas líneas exactas como la de los Nazareos. De hecho, los Nazarenos eran considerados del "linaje" de los sacerdotes Levíticos. En cada generación, Dios quiere un pueblo que se separen para él. No fue hasta que Jesús de Nazaret vino a ser el cumplimiento de esta obediencia, al inundar los reinos del Espíritu y nuestro Sumo Sacerdote fue el portador de la era de la gracia. Él era la encarnación y el cumplimiento no sólo del sacerdocio Levítico, sino también del linaje Nazareo. Él cumplió cada voto, toda ley, todo el

El Desierto

tiempo siendo el portero de la gracia de Dios. "No penséis que he venido para abrogar la ley o los profetas; no he venido para abrogar, sino para cumplir" (Mateo 5:17).

Sansón continuaba hundiéndose más y más en el pecado. Sus placeres se convirtieron en orgullo y él comenzó a permitir que las circunstancias que le rodeaban le distrajeran de su propósito. La mujer a la que deseaba lo traicionó y fue entregada a uno de sus compañeros. El regresó y quería casarse con ella, pero su padre le informó que ella ya había sido dada. Cada vez que algo no resultaba a su manera, el salía haciendo estragos. Aunque se estaba tornando fuera de la vía de la justicia, Dios estaba todavía con él. Dice que el "Espíritu del Señor" venía sobre él con poder cada vez que iba en contra de algo o alguien. La lección de esto es que alguien puede ser ungido en gran medida y capacitado por el del Espíritu Santo pero aun estar espiritualmente inmaduro. Ellos usan el poder de Dios para manipular situaciones para su propio beneficio. Este era el camino en el cual Sansón viajaba, muy rápido.

Utilizó a las personas y situaciones para su propio placer y completamente descuidó su propósito al cual fue a esta área. Se estaba yendo más profundo en su experiencia en el desierto y culpaba a los demás por su desobediencia. Finalmente se enamoró de una mujer en el Valle de Sorec llamada Dalila. Él confiaba en ella hasta el punto de que él le dijo todo lo que había en su corazón, él le reveló el secreto de su fuerza.

"Y ella hizo que él se durmiese sobre sus rodillas, y llamó a un hombre, quien le rapó las siete guedejas de su cabeza; y ella comenzó a afligirlo, pues su fuerza se apartó de él." (Jueces 16:19)

Entre más tiempo nos quedamos en el pecado, a su debido tiempo, el enemigo nos alcanzarás. Su "amor" hacia las mujeres lo puso en un camino de destrucción. Él usará la decepción y la manipulación para atraernos a sus trampas, para que pueda matar, robar y destruir todo lo que nos concierne. La historia de Sansón es un presagio de la tentación de Jesús en el desierto. En tres ocasiones Satanás vino a tentar a Jesús, pero cada vez, habló solo la Palabra y el enemigo tuvo que huir. ¿Qué pasaría si Sansón hubiera hecho lo mismo? El seguramente sabía las consecuencias de cada pecado: el vino, los animales muertes y el corte

Deborah G. Hunter

de su cabello, pero se olvidó de cada uno de ellos en la búsqueda de sus propios deseos. Ambas instancias con Jesús y Sansón eran consecuencias de 1 Juan 2:16; uno eligió al Padre, mientras que el otro eligió al mundo.

"Porque todo lo que hay en el mundo, los deseos de la carne, los deseos de los ojos, y la vanagloria de la vida, no proviene del Padre, sino del mundo."

En los círculos espirituales de hoy, la tentación de lo que está "disponible" está inundando la mente de nuestros líderes, así como los miembros laicos. Al buscar estrategias del "mercado" para crecer nuestras iglesias y traer más miembros, hemos sidos engañados por los caminos del mundo. Nosotros "vemos" lo que se ve agradable, al igual que Sansón, pero Dios no está en ello. Utilizamos nuestra autoridad espiritual para excusar fuera nuestro pecado, y manipulamos y culpamos a otros por el lío en que nos hemos metido. Tenemos que separarnos del mundo, y confiar en Dios para hacer la separación. Cuando nosotros operamos fuera del orden establecido de Dios, no podemos esperar que Él esté con nosotros. Él levantará su mano de sobre nosotros.

"Y le dijo: !!Sansón, los filisteos sobre ti! Y luego que despertó él de su sueño, se dijo: Esta vez saldré como las otras y me escaparé. Pero él no sabía que Jehová ya se había apartado de él." (Jueces 16:20)

Me duele el corazón cada vez que leo este pasaje de la Escritura. Un hombre ungido de Dios, predestinado con un propósito, lleno del Espíritu, apartado para grandes obras y su vida estaba llena de grandes tragedias. Este no era el plan de Dios para la vida de Sansón. Él tenía una asignación y él fue llevado en la dirección correcta, sus pasos eran ordenados, pero aún tenía que tomar la decisión de seguir la guía de Dios y seguir separándose, no seguir sus propios deseos. Todos hacemos esto de vez en cuando y todos hemos sufrido las consecuencias de una manera u otra. Dios desea más de sus hijos. Él está buscando obediencia, no sacrificio. No tenemos que esperar hasta el fin de nuestras vidas para Servirle en Espíritu y en Verdad. Podemos elegir ahora obedecer Su Palabra y ser guiados por Su Espíritu. He leído la historia de Sansón muchas veces a lo largo de mi vida, pero no fue hasta el escribir este libro que mis ojos se abrieron a una porción muy pequeña de la Sagrada Escritura.

"Entonces clamó Sansón a Jehová, y dijo: Señor Jehová, acuérdate ahora de mí, y fortaléceme, te ruego, solamente esta vez, oh Dios, para que de una vez tome venganza de los filisteos por mis dos ojos. Asió luego Sansón las dos columnas de en medio, sobre las que descansaba la casa, y echó todo su peso sobre ellas, su mano derecha sobre una y su mano izquierda sobre la otra. Y dijo Sansón: Muera yo con los filisteos. Entonces se inclinó con toda su fuerza, y cayó la casa sobre los principales, y sobre todo el pueblo que estaba en ella. Y los que mató al morir fueron muchos más que los que había matado durante su vida. Y descendieron sus hermanos y toda la casa de su padre, y le tomaron, y le llevaron, y le sepultaron entre Zora y Estaol, en el sepulcro de su padre Manoa. Y él juzgó a Israel veinte años." (Jueces 16:28-31)

Sansón clamó a Dios "acuérdate de mí, te lo ruego" (los deseos de la carne). A lo largo de toda la asignación, Dios estaba tratando de llegar a Sansón. Él le envió advertencia tras advertencia pero él se negó a prestar atención a Su voz, pero ahora, él quería que Dios se acordara de él. También él dijo, "Fortaléceme solo por esta vez." Él estaba operando como en las situaciones anteriores con la mentalidad de que no tenía que pedirle a Dios por nada (la vanagloria de la vida). Él asumió que el Espíritu del Señor siempre estaría con él, a todos modos.

No permitas ser engañado por el enemigo. No esperes hasta mañana o la próxima vez para obedecer a Dios. ¡Obedécelo ahora! "No endurezcáis vuestros corazones, Como en la provocación, en el día de la tentación en el desierto," (Hebreos 3: 8). El corazón de Sansón se endureció al Espíritu de Dios. Él ya no siguió los caminos de Dios sino su propio camino. Lo siguiente que me llamó la atención al leer esta escritura fue que él dijo: Para que yo una de una vez tome venganza en contra de los Filisteos "por mis dos ojos" (la lujuria de los ojos). Sansón estaba tomando FINALMENTE responsabilidad por su desobediencia. Él, sin tener vista física, era por fin estaba "viendo" con los ojos de su corazón.

Finalmente él estaba en un lugar de total entrega al Señor, y él quería hacer las cosas bien con Dios. Él quería completar lo que Dios había iniciado en su vida. Sus últimas palabras a Dios fueron: "¡Muera yo con los Filisteos!" La Biblia dice que en su batalla final, Sansón mató al morir muchos más que los que había matado durante su vida. Su llamado había sido cumplido y que estaba ahora totalmente separado al Señor. Como dije anteriormente, no esperes hasta el final de tu vida para obedecer y seguir a Dios. Separase ahora y deja que Dios lo use para traer a muchos otros a Él. Podemos estar en este mundo pero no ser de este mundo si nos quedamos cimentados en su Palabra y dirigidos por su Espíritu.

"Porque tal sumo sacerdote nos convenía: santo, inocente, sin mancha, apartado de los pecadores, y hecho más sublime que los cielos;" (Hebreos 7:26).

¡Sólo él es nuestro gran ejemplo!

Consejos del Capítulo

#22: Hay un momento en nuestras vidas donde se nos va a requerir separarnos del mundo.

Todos estamos formados por nuestro pasado y cada experiencia presta crecimiento y madurez, no importando cuan mal haya sido su condición. Aprendemos de nuestros errores y adquirimos sabiduría a través de ellos. Pero hay un momento en nuestras vidas donde se nos dice "dejemos las cosas de niños" para que podamos pasar a mayores alturas emocionalmente, mentalmente, espiritualmente y físicamente. Algunas personas no pueden moverse a su futuro porque están muy cómodos a su pasado. Dios está diciendo que nos separemos de cualquier cosa que nos lleve al pasado. ¡Déjalo ir y sigue hacia adelante!

#23: No trates de mantener gente en tu vida que Dios está tratando de remover.

Dios predestinó tu vida conforme a Su perfecta voluntad. Él supo donde habrías de nacer y quien serviría como la incubadora durante tu pasaje a este mundo. Él conoce el momento de nuestra entrada y el momento de nuestra salida. Nuestro Padre pone a reyes en el poder y los remueve, todo de acuerdo con su providencia divina. ¿Cuánto más Él divinamente colocar a personas en nuestras vidas y los remueve cuando su temporada ha terminado. No luches por mantener a las personas en tu vida que Él está tratando de sacar. Porque Él conoce cada temporada que viajarás, Él también conoce quienes serán asignados para ir con contigo. Sé flexible con el Espíritu Santo. Él te hablará y te guiará.

#24: La obediencia es mejor que el sacrificio.

¡Por favor sólo escuche y obedece! Algunos dicen que la experiencia es la mejor maestra, pero es evidente que hay algunas cosas que dice Dios que solo hagas, para que no tengas que pasar por el dolor, la decepción y tristeza.

#25: ¡No hay que esperar hasta el final de su vida para obedecer Dios!

Creemos que tenemos todo el tiempo del mundo para someternos y entregarnos al Señor. No queremos dejar las cosas o las personas que nos hacen felices en este mundo. Una perfecta declaración es, "Vendré a Dios cuando estoy listo, pero voy a divertirme lo más que pueda." No te quedes atrapado con los que desobedecen y te consumas con ellos. Dios le dijo a Lot que se separara para salir. Si no hubiera obedecido, él hubiera sido destruido junto con Sodoma y Gomorra. "¡Sepárate!"

"Un Dios y Padre de todos, el cual es sobre todos, y por todos, y en todos. Pero a cada uno de nosotros fue dada la gracia conforme a la medida del don de Cristo." Efesios 4:6-7

Capítulo 8
Sin ningún lugar para Correr

"El Desierto de Edom"
(El Lugar de Compromiso)

"Pero tengo contra ti, que has dejado tu primer amor."
~Apocalipsis 2:4

Salomón fue considerado como el hombre más sabio que jamás vivió. Su sabiduría superaba sus años y Dios estaba complacido con él. Irónicamente, él también fue considerado uno de los más grandes necios que caminó sobre la tierra. ¿Cómo puede alguien ser considerado en ambas categorías? ¿Por qué alguien con tan gran sabiduría, que conocía a Dios íntimamente, que caminaba con el Señor, y oyó la voz de su Espíritu claramente, cae de su compromiso? Del mismo modo que hemos aprendido de Sansón, Dios lo llamó, lo preparó y lo envió. Depende de nosotros tomar lo que Dios nos ha dado, y caminar fielmente en nuestro propósito.

Después de la muerte de su padre, David, Salomón fue instaurado como rey sobre Israel. Era muy joven, muy probablemente en su adolescencia, y estaba completamente vendido a Dios y a los planes y los propósitos del Señor. Su completa obediencia y fidelidad desbloquean las puertas para este joven en el espíritu.

"Ahora pues, Jehová Dios mío, tú me has puesto a mí tu siervo por rey en lugar de David mi padre; y yo soy joven, y no sé cómo entrar ni salir. Y tu siervo está en medio de tu pueblo al cual tú escogiste; un pueblo grande, que no se puede contar ni numerar por su multitud. Da, pues, a tu siervo corazón entendido para juzgar a tu pueblo, y para discernir entre lo bueno y lo malo; porque ¿quién podrá gobernar este tu pueblo tan grande? Y agradó delante del Señor que Salomón pidiese esto. Y le dijo Dios: Porque has demandado esto, y no pediste para ti muchos días, ni pediste para ti riquezas, ni pediste la vida de tus enemigos, sino que demandaste para ti inteligencia para oír juicio, he aquí lo he hecho conforme a tus palabras; he aquí que te he dado corazón sabio y entendido, tanto que no ha habido antes de ti otro como tú, ni después de ti se levantará otro como tú. Y aun también te he dado las cosas que no pediste, riquezas y gloria, de tal manera que entre los reyes ninguno haya como tú en todos tus días." (1 Reyes 3:7-13)

El comienzo de Salomón era puro y honorable. Su corazón era auténtico, y Dios percibió esto y conmovió al Señor. Él no sólo le dio sabiduría y entendimiento, pero también le otorgó lo que él no pidió, riquezas y honra. Cuando Dios está satisfecho con nuestras vidas, Él no sólo bendice a su pueblo, sino que también revela su gloria en nosotros y a través de nosotros. ¡Que afecto! Salomón tocó el corazón de Dios.

Mientras Salomón crecía en sabiduría y en gracia con Dios, Su reino se expandía. El Señor hizo exactamente lo que ha prometido en la vida de Salomón, pero su aligerado éxito lo causó a buscar la riqueza, la fama y notoriedad, en lugar del Dios que lo honró con la misma. Él todavía adoraba a Dios, pero comprometió la verdad a través de sus deseos lujuriosos. Tenemos que proteger nuestros corazones y proteger nuestras mentes como Creyentes. El enemigo conoce nuestras debilidades y seguramente nos probará con estas. El pervierte la bendición de Dios y tuerce nuestros pensamientos acerca del propósito de Su bendición. Cuando se comienza a comprometer la Verdad, sabemos que estamos siendo engañados en alguna parte. Ser muy consciente de buscar el aplauso de los hombres en lugar de la aprobación de Dios. Salomón reunió a un harén de más de mil mujeres, setecientas esposas, princesas y trescientas concubinas de todo trasfondo de vida. Él desarrolló fuertes vínculos con líderes de otras naciones y la gente conocía el nombre del rey Salomón, como si él fuera Dios. Su corazón se apartó del Dador, y su riqueza y la fama lo consumieron.

Vemos esto infectar rápidamente a la gente de Dios hoy en día. El enemigo está contaminando todos los aspectos de la sociedad cristiana, para que pierda su impacto en el mundo. No le importa si nos vamos a la iglesia. De hecho, él viene y se sienta con nosotros, a veces, porque primeramente le damos bienvenida en, y segundo porque Dios no está en ninguna parte en medio del compromiso, el caos, y la confusión. Nuestros deseos se han convertido en un gran pecado y nos hemos olvidado quién es el Señor y lo que Él ha hecho por nosotros. Queremos la bendición pero rechazamos al quien nos bendijo. Queremos sus beneficios sin la responsabilidad de la integridad y el carácter. Honestamente creemos que Dios nos está ungiendo y que nos está usando, elevándonos y aumentándonos. Dios no promueve el pecado. Él no patrocina desobediencia. El momento que comprometemos la Palabra de Dios, sacamos Su Espíritu de nuestras vidas, y Su mano es quitada sobre de nosotros. El padre de Salomón, David, conocía muy bien las consecuencias de esto.

"No me eches de delante de ti, Y no quites de mi tu Santo Espíritu." (Salmo 51:11)

¿Con qué frecuencia Dios no está en ninguna parte en nuestros servicios de iglesia en el día hoy? Él se mantiene en silencio durante nuestro compañerismo porque no lo hemos invitado a entrar. Manipulamos los servicios para convencer a la gente que Dios estaba allí y se movió poderosamente cuando realmente él no estaba en medio de nuestro desorden. Nuestros deseos lujuriosos que nuestro nombre esté en las luces y para las personas a griten nuestras "revelaciones" abre nuestras mentes a el tormento del enemigo. El usará el engaño para persuadirnos de que Dios nos está usando y el espíritu de orgullo y arrogancia se mete disimuladamente y se manifiesta absolutamente en maneras impías. Comenzamos a hacer excusas por nuestros pecados, nuestra desobediencia, y buscamos a otros que estén de acuerdo con nosotros. ¡Que Dios nos ayude! El compromiso es igual al cáncer. Se propaga muy rápida-

Deborah G. Hunter

mente si no se corta de raíz. Es como una baja espiral que conduce a gran inmoralidad.

Le dije a Dios cuando me encargó para iniciar mi empresa editorial que iba a operar en carácter, honestidad e integridad, y que me propondría a darle toda la gloria. Los primeros cinco años en operación, mi compañía floreció en formas inimaginables. El favor que él le otorgó sobre la misma fue sorprendente. Determiné leer cada manuscrito por mí misma y si no sentía Su mano sobre el manuscrito, o si descubría algo que no era de Él no lo aceptaba para ser publicado. Créeme, he rechazado un buen número de manuscritos a través de los años, y algunos de ellos eran de supuestos pastores que escribían todo tipo de locuras. Yo sabía que Dios no estaba en ello y no traería gloria a su nombre.

Un libro en particular que cruzó nuestro camino me dejó perpleja. A medida que leía la historia, sin duda era increíble lo que leía en el papel. Los milagros y liberación eran asombrosos y le pregunté al Señor, "¿Esto proviene de ti?" Mi espíritu estaba un poco inestable. El autor fue amable y apacible y procedió a hablar muy bien de mi negocio y mi familia. Oré a Dios y le pedí que nos trajera libros que libros que magnificaran Su sanidad y liberación en la vida de las personas. Yo tenía el deseo de publicar verdaderas historias que fueron impactadas por el poder de Dios. Este fue el primer libro que nos llegó después de que le hice esta solicitud a Dios, así que pensé inmediatamente que era la respuesta a la oración.

Tuve un cambio abrupto en el negocio por cuanto las ventas de los libros disminuyeron y las personas dejaron de la publicar libros. Después de cinco años de prosperidad, entré a un lugar seco. Estaba orando desesperadamente por "lluvia" que entrara en el negocio, y por seguro, una puerta se abrió. Mi espíritu comenzó a sentirse aún más inestable durante el proceso de publicación de este libro. Este autor comenzó a profetizarme casi a diario a través de correos electrónicos, y al principio tenía mucha certeza, por lo que supuse que era de Dios. Después de un tiempo empezó a convertirse un poco raro. Ahora estaba en el punto de pedirle a Dios que me perdonara por no prestar atención a los avisos de Su Espíritu. Cosas locas comenzaron a suceder en el negocio. Perdimos

El Desierto

cinco computadoras por fallos de sistemas y varios discos duros sustitutos con múltiples contratos y manuscritos guardados en ellos.

Retrasos y confusión que suceden que nunca antes ocurrieron antes de los cinco años de negocio, como si toda violencia y turbación fue suelta en esta empresa. Un día mientras estaba sentada muy quieta en mi escritorio, me arrepentí y le pide a Dios que cerrara esta puerta que yo había abierto. No sólo comprometí la integridad de mi promesa a Dios, pero ahora, yo estaba en directa desobediencia a Él. Dios me reveló la brujería lanzada a través de este libro y que esto no era de él. Cancelé la publicación de este libro, pero cosas extrañas todavía estaban pasando. Oré y le pedí al Espíritu Santo que me mostrara lo que faltaba y por seguro, oí al Señor decir, "Elimina TODOS los archivos del libro fuera de tus computadoras, discos duros y mensajes de correo electrónico."

¡WOW! ¡Fue tan claro como esto! Hice exactamente esto, pero todavía no había fin a la confusión. Mientras estaba sentada y llorando y orando para que Dios interviniera, escuché esa "pequeña voz," decir, "Hay una copia todavía aquí." Está bien, ahora muchas personas no han experimentado brujerías como estas, y algunos no lo crearan, pero déjame decirle que esto era muy real. Mi familia experimentó esto de por sí misma, así como algunas personas de nuestro equipo. Otro querido amigo y miembro del personal tuvo ocurrencias similares en su casa. Ella también tenía una copia de este manuscrito en su posesión. Le dije que lo que estaba ocurriendo en mi oficina, y lo que Dios me había revelado, y ella desechó la copia en su posesión. La confusión terminó en su casa.

Fui arrancando a través de archivadores, cajas, mesas, estantes de libros, cajones, y en todo lugar posible por este manuscrito y no estaba por ningún lado. Estaba enojada porque recuerdo haber leído claramente este manuscrito. Fue uno de los muy pocos que hemos recibido imprimidos y enviado por correo. Recuerdo una nota apegada al manuscrito y una imagen imprimida del autor, y no había arrojado ninguna de los que había recibido por correo electrónico, ¡por lo que tenía que estar en alguna parte! Una vez más, frustrado y al final de mi cuerda, oí la voz de nuevo decir: "Saca los cajones de los gabinetes de los archivos." Hice tal como el Espíritu de Dios me dijo y estaba el manuscrito atorado detrás uno de los cajones. Tengo que ser honesta, he sido testigo de brujería anteriormente y lo he visto en operación varias veces, pero esto era personal. Yo estaba muy enojada, y comencé a ungir y orar sobre mi negocio, las computadoras y todo lo que mi concernía a mi negocio, pero tenía que enfrentar la realidad de que esto era por mi culpa. Comprometí la Verdad, lo que sentí en mi espíritu, por la "lluvia" sobre mi negocio, pero lo que traje fue una maldición. Afortunadamente, al despojarme del manuscrito todo volvió a la normalidad. Nuestros sistemas estaban bien, la confusión cesó, y una gran luz brilló en esta situación. Dios cerró la puerta por mí. No puedo agradecerle lo suficiente por bendecirme a pesar de mi desobediencia.

Salomón, al igual que Sansón, no prestaron atención a sus advertencias sino que plenamente rechazaron los avisos de Dios y retrocedieron en desobediencia, compromiso y rebelión que sucumbieron a las mismas. No se permita a rendirte al pecado que intenta apoderarse de ti. Haz una elección de vivir según la Palabra de Dios y ser guiado por Su Espíritu, para que tu propósito y destino no sean abortados. Vive para él y aprende de él. Estudia y medita en sus caminos y serás transformado por ello. Estos hombres ungidos por Dios no vivieron para alcanzar su completo potencial. Dios todavía trabaja todas las cosas para Su bien; Él completa Sus planes, pero que triste no solo por ellos sino por las generaciones venideras. Porque se negaron a caminar a través de su propio desierto, no fueron capaces de entrar en la Tierra Prometida. Dios también cortó sus bendiciones.

Esaú era otro ejemplo de compromiso en la Biblia. Él y su hermano Jacob eran gemelos. Lucharon contra sí mismos mientras salían del vientre de su madre. Mientras que Esaú fue el primero en salir, su hermano Jacob se agarró a su talón, adoptando así el nombre de "receptor de-talón". A lo largo de su infancia, Esaú era considerado el favorito de su padre. Era un gran cazador y siempre traería de vuelta juego de la caza y cocinar para su Padre. Era un gran cazador y siempre traía caza la cual cocinaba para su padre. Esaú, siendo el mayor, tenía prioridad por su primogenitura. Él iba a ser el predecesor de la hacienda de su padre. Esaú envejecía y su tiempo en el campo lo estaba cansando Un día, cuando llegaba de cazar, Jacob, su hermano más joven, estaba preparando un potaje.

El Desierto

"Y guisó Jacob un potaje; y volviendo Esaú del campo, cansado, dijo a Jacob: Te ruego que me des a comer de ese guiso rojo, pues estoy muy cansado. Por tanto fue llamado su nombre Edom. Y Jacob respondió: Véndeme en este día tu primogenitura. Entonces dijo Esaú: He aquí yo me voy a morir; ¿para qué, pues, me servirá la primogenitura? Y dijo Jacob: Júramelo en este día. Y él le juró, y vendió a Jacob su primogenitura. Entonces Jacob dio a Esaú pan y del guisado de las lentejas; y él comió y bebió, y se levantó y se fue. Así menospreció Esaú la primogenitura." (Génesis 25:29-34)

Esaú estaba cansado. Él había pasado su vida entera cazando en los campos y había perdido toda esperanza de algo mejor para su vida. Él estaba completamente exhausto, por lo que vendió su primogenitura a su hermano Jacob. No permitas llegar a un punto en tu vida, en tu negocio o ministerio donde estás tan casando que comprometes tu "primogenitura." Dios tiene grandes planes para todos nosotros, y tener una larga vida y prosperidad en cada área de nuestras vidas es Su deseo.

"No nos cansemos, pues, de hacer bien; porque a su tiempo segaremos, si no desmayamos." (Gálatas 6:9)

La vida no es fácil, y aún en Cristo, todos están destinados a caminar algunas veces a través de dificultades. Nos cansamos porque no nos vemos la manifestación de las promesas de Dios cumplirse en el momento que esperábamos. Nos desgastamos en lo que sentimos que él nos ha llamado a hacer, pero no hay ninguna recompensa visible en ello. El agotamiento se apodera y eventualmente llegamos a al cruce de caminos del compromiso. Tal vez es mejor si me doy por vencida en esta compañía que Dios me dijo que empezara. ¿Qué tal si dejo de escribir y me busco un trabajo de nueve a cinco? ¿Estaría mucho mejor si simplemente dejo ir este sueño y probar algo diferente? Estoy cansado de no ser reconocido; ¿alguien allá afuera me apreciará? Soy fiel y leal pero no lo ven, ¿así que sería mejor irme? ¿Te has encontrado alguna vez haciéndote estas misma preguntas o incluso ahora mismo? El cansancio es muy real y si no lo ponemos en las manos de Dios, nos encontraremos comprometiendo la promesa de Dios de nuestras vidas.

Deborah G. Hunter

En este momento hay un fuerte espíritu de cansancio sobre la Iglesia. Los tiempos son cada vez más malvados cada día, y hemos reducido la casa del Señor, a como Jesús lo acuñó, "una cueva de ladrones." Con la Iglesia global girando, hemos visto en las últimas dos décadas una aparición de predicadores al estilo de las celebridades. Estoy seguro que muchos de ellos no tenían la intención de acabar en este crisol, pero cuando buscas el consejo de hombre, el asesoramiento y formas, el resultado final seguramente terminarás comprometiendo la integridad de la Iglesia de Dios. Se está convirtiendo en una estructura de "orientación de eventos" y la Junto de la Iglesia están sentados diariamente tratando de encontrar estrategias de mercadeo para atraer a personas y dinero. Los rostros de los Pastores están siendo colocados muy a vista a través de cubiertas de libros y carteleras, YouTube y programas de entrevistas de Televisión.

¡Nosotros lo hemos perdido! El espíritu de compromiso entró y expulsado al Señor de nuestros servicios semanales. A Satanás no le importa si nos reunimos todos los Miércoles, los Domingo, Día de Pascua, Domingo de Ramos, Día de las Madres o en Navidad. De hecho, él vendrá y tendrá comunión con nosotros si reducimos o devaluar el Evangelio de Jesucristo. Esto es real pueblo de Dios. Estamos en una época de gran decepción. Nos encontramos "durmiendo con el enemigo" todo en un intento de "construir la Iglesia." Le puedo prometer que no estamos construyendo la iglesia, sino erigiendo nuestros propios imperios. Esta es una píldora difícil de tragar, propósito, sin embargo es la Verdad. Este mundo no quiere tener nada que ver con nuestro Dios.

Pero la Palabra de Dios profetiza sobre un momento en que las riquezas de los malvados ser guardada para el justo. Este será un tiempo de gran prosperidad, no sólo económicamente sino en todos los ámbitos. No podemos reducir las promesas de Dios simplemente a dinero. Las riquezas abarcan una vasta expansión de bendición; la paz, la alegría, el amor, la fe, la bondad y todos los frutos del Espíritu. El problema es, que a través del cansancio, hemos enfocado nuestra atención en el dinero y la fama, una solución rápida a nuestros problemas. Creemos que el dinero va a resolver el problema que sólo nuestro "desierto" puede resolver. No se puede obtener paz por medio del dinero. El centro de atención o la notoriedad no van a proporcionar alegría en tu vida. De

El Desierto

hecho, si no permitimos que el proceso de preparación se desarrolle en nuestras vidas, nos perderemos en esas mismas luces. La Palabra de Dios nos dice lo que debemos de buscar.

"Más buscad primeramente el reino de Dios y su justicia, y todas estas cosas os serán añadidas." (Mateo 6:33)

No vendas tu "primogenitura" al más alto postor o en el caso de Esaú, al más bajo postor. Este mundo no está preocupado con tu Jesús, ¡pero ten por seguro que van a tratar cualquier cosa posible para sacar ganancias de su nombre! De los libros, la música, las películas a todas las áreas del mercado, hemos permitido que el mundo infiltre lo que Dios nos ha mandado a que nos separemos. Del mismo modo que vimos con Sansón, estamos haciendo lo que es santo, impuro.

Estamos trayendo al mundo a nuestros lugares sagrados y permitiendo que todo tipo de espíritu sea soltado en nuestras Iglesias y en las vidas del pueblo de Dios. ¡Esto tiene que terminar! Cuando comprometemos de esta manera, Dios quita Su mano y su unción, de cada área de nuestras vidas. Él ya no está con nosotros. A igual que Sansón, es devastador levantarse un día y darse cuenta de que Dios ha levantado su mano de nuestras vidas.

Rompe con estas maldiciones hoy y arrepiéntete. Tórnate a Dios y pídele que cierre todas las puertas abiertas que has permitido abrir. Sé paciente y permítele hacer su perfecta voluntad en tu vida para que Él pueda confiar en ti las riquezas de Cristo. Después de todo lo que Dios puso en las manos de Salomón, al final, se le fue quitado.

"Y se enojó Jehová contra Salomón, por cuanto su corazón se había apartado de Jehová Dios de Israel, que se le había aparecido dos veces, y le había mandado acerca de esto, que no siguiese a dioses ajenos; mas él no guardó lo que le mandó Jehová. Y dijo Jehová a Salomón: Por cuanto ha habido esto en ti, y no has guardado mi pacto y mis estatutos que yo te mandé, romperé de ti el reino, y lo entregaré a tu siervo. Sin embargo, no lo haré en tus días, por amor a David tu padre; lo romperé de la mano de tu hijo. Pero no romperé todo el reino, sino que daré una tribu a tu hijo, por amor a David mi siervo, y por amor a Jerusalén, la cual yo he elegido." (1 Reyes 11:9-13)

Confía en Dios que te lleve a través del proceso. Su recompensa es mayor que cualquier cosa que este mundo pueda ofrecerte.

Confía en Dios en tu proceso para que Él te guie a tu Tierra Prometida. Cuando la mano de bendición de Dios está sobre ti hay paz. "La bendición de Jehová es la que enriquece, Y no añade tristeza con ella" (Proverbios 10:22).

Consejos del Capítulo

#26: Cuando Dios desata la bendición sobre tu vida, hay una gran responsabilidad que se le atribuye.

Jacob fue considerado sagaz, un manipulador y un mentiroso. Desde el momento en que se nos presenta en la Palabra, lo vemos agarrando el talón de su hermano Esaú, tratando de sobrepasarse a salir del vientre. Eso no sucedió, por lo que el hermano menor conducía su vida entera planeando como eventualmente podría maquinar ser el más grande. Sé muy consciente de intentar tratar de superar lo que Dios tiene para ti. La gracia que le dado a otro para su asignación no necesariamente es la cantidad que necesitas para llevarlo a cabo. Cuenta los costos antes de intentar entrar en la unción de otros hombres.

#27: Tu "primogenitura" es demasiada valiosa para vender.

El hecho de nacer en una familia real es de verdadera importancia, especialmente para un niño. En su vida entera fue entrenado para convertirse en rey y tomar el trono de su padre. Es entrenado y disciplinado para caminar con rectitud y hará todo lo posible para garantizar que nada le obstaculice a caminar en su pleno potencial y llamando como el próximo rey. Lo mismo sucede con los Creyentes de hoy. Estamos siendo preparados para caminar en la plenitud con la que Dios nos creó a ser y nada vale la pena en que perdamos nuestra herencia eterna.

#28: El mundo va a hacer que comprometas algo. Confía en el Señor y pasa por el proceso.

"Todo lo que brilla no es oro," un dicho común que todos nosotros hemos oido, ¿verdad? Bueno vamos a elaborar en ello un poco más. "Todo lo que brilla no es Dios." El enemigo le encanta girar y manipular que todo lo bueno de Dios, de modo que no vemos cuan significativo es la Promesa. Camina en la verdad y en sabiduría y confía en el Señor en tu proceso. Para saber que algo es de Dios, sólo pruébalo según la Palabra de Dios. Si te conduce a comprometerte en alguna manera, esto no es de Él.

#29: Sus caminos son más altos que los nuestros.

No siempre sabremos lo que Dios está haciendo en medio de nuestras pruebas y adversidades, pero una cosa si sabes, ¡él está en control de todo! El conoce el final desde el principio y lo ha trazado todo para que trabaje para nuestro bien. No trates de pensar más que Dios. ¡Perderás cada vez! Pon tu fe en Él y deja que te guíe.

"Los sacrificios de Dios son el espíritu quebrantado; Al corazón contrito y humillado no despreciarás tú, oh Dios." Salmo 51:17

Capítulo 9
La Belleza del Quebrantamiento

"El Desierto de Beerseba"
(El Lugar de Entrega)

"El escarnio ha quebrantado mi corazón, y estoy acongojado.
Esperé quien se compadeciese de mí, y no lo hubo;
Y consoladores, y ninguno hallé."
~Salmo 69:20

La sociedad nos enseña a vivir la vida al máximo y que merecemos ser felices, por lo que lo tenemos que hacerlos por cualquier medio necesario. Somos moldeados a vivir de acuerdo con nuestra carne, pues cuando se nos introduce a Cristo, lo encontramos difícil el vivir según el Espíritu. El objetivo final de la vida del Creyente es la transformación, pero la transformación no puede ocurrir sin el quebrantamiento. Nuestra voluntad no es manipulada por Dios, por lo que depende completamente de nosotros si queremos que Dios entre en nuestras vidas y nos cambie. Este es probablemente el único proceso más difícil, o desierto, en la vida de un Creyente. A nadie le gusta estar quebrantado, no se siente bien, y estamos entrenados para rechazar cualquier cosa en nuestras vidas que nos saca de nuestra zona de comodidad.

Deborah G. Hunter

Job era un hombre de carácter recto. Él era un hombre que siguió al Señor y confirmó su fe e integridad. Job educó a sus hijos en los caminos del Señor y Dios lo bendijo sobremanera.

"Hubo en tierra de Uz un varón llamado Job; y era este hombre perfecto y recto, temeroso de Dios y apartado del mal. Y le nacieron siete hijos y tres hijas. Su hacienda era siete mil ovejas, tres mil camellos, quinientas yuntas de bueyes, quinientas asnas, y muchísimos criados; y era aquel varón más grande que todos los orientales. E iban sus hijos y hacían banquetes en sus casas, cada uno en su día; y enviaban a llamar a sus tres hermanas para que comiesen y bebiesen con ellos. Y acontecía que habiendo pasado en turno los días del convite, Job enviaba y los santificaba, y se levantaba de mañana y ofrecía holocaustos conforme al número de todos ellos. Porque decía Job: Quizá habrán pecado mis hijos, y habrán blasfemado contra Dios en sus corazones. De esta manera hacía todos los días." (Job 1:1-5)

La vida de Job era impecable, casi perfecta. Sus caminos eran rectos delante de Dios, e incluso presentó holocaustos en nombre de su hijos, para cubrirlos si acaso se hubieran alejados del Señor. ¡Qué hombre! Es obvio que él exudaba la verdadera esencia de la prosperidad de la cual les hablamos anteriormente. Todas las áreas de su vida rebosaban con bendición. ¿Qué más podría desear o necesitar Job en su vida? Los planes de Dios, como lo descubrimos anteriormente, exceden las profundidades que nuestras mentes son capaces de imaginar. Él nos conoce a cada uno por nuestro nombre, y traza a mano cada una de nuestras jornadas.

"Un día vinieron a presentarse delante de Jehová los hijos de Dios, entre los cuales vino también Satanás. Y dijo Jehová a Satanás: ¿De dónde vienes? Respondiendo Satanás a Jehová, dijo: De rodear la tierra y de andar por ella. Y Jehová dijo a Satanás: ¿No has considerado a mi siervo Job, que no hay otro como él en la tierra, varón perfecto y recto, temeroso de Dios y apartado del mal? Respondiendo Satanás a Jehová, dijo: ¿Acaso teme Job a Dios de balde? ¿No le has cercado alrededor a él y a su casa y a todo lo que tiene? Al trabajo de sus manos has dado bendición; por tanto, sus bienes han aumentado sobre la tierra. Pero extiende ahora tu mano y toca todo lo que tiene, y verás si no blasfema contra ti en tu misma presencia. Dijo Jehová a Satanás: He aquí, todo lo que tiene está en tu mano; solamente no pongas tu mano sobre él. Y salió Satanás de delante de Jehová." (Job 1:6-12)

Hay momentos en los que entendemos absolutamente porque estamos pasando a través de pruebas. Nuestra desobediencia pone en movimiento los vientos corrección, castigo, e incluso, a veces, la represión que necesitamos con el fin de que volvamos al lugar de una posición correcta con Dios. Entendemos estos "desiertos," y aunque es doloroso, sabemos cómo y por qué estamos ahí. ¿Pero qué haces cuando tu vida se ha comprometido a vivir para Dios, manteniendo el carácter y la integridad, y dejando un legado de Cristo para tu familia, y Dios decide llevarte a través de un desierto? Dios se jactaba de su hijo de Job. Satanás se paseaba hacia arriba y abajo en la tierra buscando a quien devorar. Su mirada no estaba fija en Job, porque suponía que la mano protectora de Dios estaba sobre todo lo concerniente a él. Dios se le acercó a Satanás con esta oportunidad para probar a Job, porque Él sabía lo que había dentro de él.

Nuestro caminar en Cristo es un proceso de continuo crecimiento. En ninguna parte se nos dice que vamos a llegar a la perfección aquí en esta tierra. Dios nos ve a nosotros en cada intervalo de nuestra vida y sabe las intenciones de nuestro corazón y lo que va a tomar para llevarnos al siguiente nivel. Job tenía riquezas en todo el sentido de la palabra, ¿pero qué ocurre cuando llegamos al límite de nuestra fe? Qué travestía estar en un lugar donde no hay más necesidad o deseo, ¿de ir más alto o creer a Dios por más? Una vez más, no estamos hablando de riqueza material, un pensamiento que puede venir, sino de una mayor intimidad y revelación de quién es el Padre es y cuáles son sus planes para nuestra viva. Saber que Él piensa constantemente en ti y en mí, desde el día que nacimos hasta el día que partimos de esta vida. Cada segundo de cada minuto de cada día, Él se está girando y maniobrando nuestras vidas en conjunto con Su voluntad. Job estaba a punto de entrar en la experiencia más significativa del desierto de su vida.

"Llegó el día en que los hijos y las hijas de Job celebraban un banquete en casa de su hermano mayor. Entonces un mensajero llegó a decirle a Job: «Mientras los bueyes araban y los asnos pastaban por allí cerca, nos atacaron los Sabeanos y se los llevaron. A los criados los mataron a filo de espada. ¡Sólo yo pude escapar, y ahora vengo a contárselo a usted!» No había terminado de hablar este mensajero cuando uno más llegó y dijo: «Del cielo cayó un rayo que calcinó a las ovejas y a los criados. ¡Sólo yo pude escapar para venir a contárselo!»

No había terminado de hablar este mensajero cuando otro más llegó y dijo: «Unos salteadores caldeos vinieron y, dividiéndose en tres grupos, se apoderaron de los camellos y se los llevaron. A los criados los mataron a filo de espada. ¡Sólo yo pude escapar, y ahora vengo a contárselo!» No había terminado de hablar este mensajero cuando todavía otro llegó y dijo: «Los hijos y las hijas de usted estaban celebrando un banquete en casa del mayor de todos ellos cuando, de pronto, un fuerte viento del desierto dio contra la casa y derribó sus cuatro esquinas. ¡Y la casa cayó sobre los jóvenes, y todos murieron! ¡Sólo yo pude escapar, y ahora vengo a contárselo!» Al llegar a este punto, Job se levantó, se rasgó las vestiduras, se rasuró la cabeza, y luego se dejó caer al suelo en actitud de adoración. Entonces dijo: «Desnudo salí del vientre de mi madre, y desnudo he de partir. El Señor ha dado; el Señor ha quitado. ¡Bendito sea el nombre del Señor!» A pesar de todo esto, Job no pecó ni le echó la culpa a Dios." (Job 1:13-22)

¡Mi Dios! ¿Cómo puede alguien soportar tal devastación y todavía estar de pie en un lugar de adoración y reverencia al Señor? Job, tal y como Dios lo describió a satanás, era un hombre que respetaba a Dios y que era intachable a los ojos del Señor. Él fue probado en el desierto y aprobado para recibir todo lo que Dios ha soltaba en sus manos. Él no era un novato a la aflicción. Job soportó muchas tormentas antes de que le diera éste golpe. Él se postró y adoraba a Dios, porque él entendía que nada de lo que tenía era de su propia mano, sino únicamente por la bondadosa y amorosa mano de Dios. ¡El lugar de madurez donde Job se encontraba era inigualable! ¿Se puede usted imaginar las caras de los hombres que vinieron a decirle de esta tragedia? Uno por uno, se vinieron corriendo a Job en total conmoción. Antes de que alguien le pudiera terminar diciéndole de una calamidad, otro aparecería con noticias aún más devastadoras.

El Desierto

Me di cuenta que yo estaba en mi primer desierto alrededor del 2009. Mi vida pasó de estar en la parte más alta a luego estar en la parte más baja. Me hundí a diario en la soledad y la depresión, y me sentí como si nunca pudiera salir de este hoyo. La oscuridad estaba en todo mí alrededor, y me preguntaba si alguna vez podría ver la Luz de nuevo. Yo pensé que había perdido mi salvación, y que Dios tenía me dejó completamente sola en este desierto. Yo estaba quebrantada. ¿Cómo podría mi Padre, el que me salvó ahora dejarme? ¿No dijo Él en su Palabra que Él nunca me dejaría ni me abandonaría? Yo conocía Su Palabra y nada se alineaba para mí, por yo creer en Su Palabra. Mientras clamaba a Él en este lugar oscuro, empecé a escuchar esa "voz apacible". Él no me había abandonado. De hecho, Él me condujo aquí para revelarme otro aspecto de mí misma. Después de mis momentos más íntimos con Él en su presencia, y creciendo enormemente en su Palabra, Él me llevó a mí a lo más bajo para indicarme que había aún más. Yo no nunca creía que podría ser mejor de lo que había experimentado en Alemania. Mi corazón y mi espíritu se abrieron al magnífico amor de mi Padre. Fui testigo de su mano de una manera inimaginable, pero Él sabía que había aún más. Dios vio para lo que yo estaba preparada y para lo que yo no estaba preparada. Este desierto me reveló mucho a mí, no sólo acerca de Dios, sino de mi misma.

El desierto de Beerseba es considerado como el "Lugar de Entrega". Muchas veces a través de la Palabra, verán a varias personas caminando a través de este desierto, incluyendo Agar, Abraham, Abdías, y Elías. Una experiencia muy conmovedora fue la de Agar, la concubina de Abraham que fue convocado por su ama, Sarah, a concebir un hijo para ellos, porque la matriz de Sara era estéril. Agar estuvo de acuerdo, pero después de un período de tiempo ella se indignó con Sarah. Ella comenzó a burlarse de su señora con el niño, Ismael, como instrumento o un peón, ya que sabía que Sarah no podía concebir un niño. Poco después, el Señor manifiesta su promesa en la matriz de Sara, su hijo Isaac.

Mientras los dos hermanos comenzaron a crecer juntos, Ismael comenzó a asumir el espíritu de su madre Agar. Él comenzó a resentirse de Isaac y de su relación de pacto con Abraham. A pesar de que era el mayor, el no sería un heredero al reino de su padre. El despreciaba y hacia burla de su hermano menor, y esto enfureció a Sarah.

Deborah G. Hunter

"Y creció el niño, y fue destetado; e hizo Abraham gran banquete el día que fue destetado Isaac. Y vio Sara que el hijo de Agar la egipcia, el cual ésta le había dado a luz a Abraham, se burlaba de su hijo Isaac. Por tanto, dijo a Abraham: Echa a esta sierva y a su hijo, porque el hijo de esta sierva no ha de heredar con Isaac mi hijo. Este dicho pareció grave en gran manera a Abraham a causa de su hijo. Entonces dijo Dios a Abraham: No te parezca grave a causa del muchacho y de tu sierva; en todo lo que te dijere Sara, oye su voz, porque en Isaac te será llamada descendencia. Y también del hijo de la sierva haré una nación, porque es tu descendiente. Entonces Abraham se levantó muy de mañana, y tomó pan, y un odre de agua, y lo dio a Agar, poniéndolo sobre su hombro, y le entregó el muchacho, y la despidió. Y ella salió y anduvo errante por el desierto de Beerseba." (Génesis 21:8-14)

Agar, para algunos, se llevó el más mal de los tratamientos. Ella le dio a luz un hijo a Abraham y a Sara, pero fue finalmente rechazada por esta familia. Sin saberlo ella, e incluso a Abraham o Sara, todo esto era parte del plan de Dios. Agar fue llevada al "Desierto de Beerseba" para rendirse al plan de Dios para ella y para la vida de Ismael. Ella estaba sujetando la Tierra Prometido de otra persona, cuando Dios la estaba preparando para su propia Tierra Prometida.

"Y le faltó el agua del odre, y echó al muchacho debajo de un arbusto, y se fue y se sentó enfrente, a distancia de un tiro de arco; porque decía: No veré cuando el muchacho muera. Y cuando ella se sentó enfrente, el muchacho alzó su voz y lloró. Y oyó Dios la voz del muchacho; y el ángel de Dios llamó a Agar desde el cielo, y le dijo: ¿Qué tienes, Agar? No temas; porque Dios ha oído la voz del muchacho en donde está. Levántate, alza al muchacho, y sostenlo con tu mano, porque yo haré de él una gran nación." (Génesis 21:15-18)

Job estaba empezando a ver a Dios en maneras que nunca antes lo había visto. Cada tragedia que enfrentó produjo algo más grande dentro de este servidor de Dios. Las múltiples pruebas acumuladas a la vez revelaron que Job era un hombre que Satanás quería destruir. Su asignación es hurtar y matar y destruir; yo he venido para que tengan vida, y para que la tengan en abundancia. (Juan 10:10) Satanás regresó de nuevo en medio del Señor, y Dios, una vez de nuevo, elogió a su siervo Job por mantener su integridad. Satanás, estaba empeñado en la destrucción este hombre, le dijo a Dios que si se extendía su mano contra él y toca su carne y su hueso, que Job maldeciría Dios en Su cara. Dios permitió que el enemigo probara a Job una vez más. Nota rápida aquí, Dios no pone enfermedad o dolencia en nadie. Satanás no sólo estaba tratando de destruir a Job, pero que tuvo la sagacidad para pedirle al Señor que hiciera algo que estuviera fuera de Su carácter hacer. El enemigo siempre tratará de encontrar la manera de manchar el nombre y el carácter de Dios. ¡Pero él no es rival para nuestro Señor y Salvador, Jesucristo!

El enemigo salió e hizo lo que le estaba "permitido" hacer, en todo en un esfuerzo por demostrar que Job era quien Dios dijo que él era. Satanás fue hirió a Job con una sarna desde la planta del pie hasta de la coronilla de la cabeza. Él se encontraba con un tremendo dolor, e incluso fue al extremo como para conseguir un tiesto a rascarse. Un tiesto era un trozo de material de cerámica, normalmente usado durante ese tiempo en ollas de agua o vasos para cocinar. ¿Cómo es posible que alguien pudiera soportar el dolor de una sarna desde la cabeza a los pies, y mucho menos el rasgarse la sarna con pedazos agudos de tiesto de cerámica? Su esposa había llegado a su propio límite. Entonces le pregunto su mujer, ¿Aun retienes tu integridad? Maldice a Dios, y muérete (Job 2:9). ¡La respuesta de Job fue épica!

"Y él le dijo: Como suele hablar cualquiera de las mujeres fatuas, has hablado. ¿Qué? ¿Recibiremos de Dios el bien, y el mal no lo recibiremos? En todo esto no pecó Job con sus labios." (Job 2:10)

¡Cuán gran fidelidad se mostró en uno de los más dolorosos tiempos de su vida! Tengo que decir que no carezco de empatía por Job. Todo mi caminar Cristiano ha estado cargado por enfermedades y dolencias. De hecho, en este mismo momento, en la composición de este libro, he experimentado algunos de los mayores ataques a mi salud, así como a mi mente. Dios me habló en la víspera de Año Nuevo del 2013, que necesitaba empezar a escribir de nuevo. Habían pasado siete años desde que había escrito, desde el principio de este libro. Este era realmente mí tiempo en el desierto. Yo comencé a escribir este libro en enero del 2014. Realmente fue una lucha para comenzar. Surgieron distracciones tras distracciones, y muchas veces casi me di por vencida. Me propuse un plazo de tres meses, lo que antes nunca fue un problema, pues cada uno de mis libros fue escrito en tan sólo unos meses cortos. ¡Esto era diferente en todos los aspectos! Empecé a estar muy cansada cada vez que recogía este libro para escribir. Esto no fue un sentimiento normal de comenzar a tener sueño, esto fue agotamiento, como si hubiera corrido una maratón. Mientras progresaba el tiempo, empecé a tener un dolor agudo en el pecho durante este tiempo de ponerme a escribir. Tenía que levantarme a caminar alrededor de mi casa, por lo que seguramente no era normal. Después de dos semanas de que esto ocurriera, solamente cuando escribía, me empezaba a preocupar. Oré, me ungí a mí misma con aceite y ponía las manos sobre mí misma, declarando la sanidad de mi cuerpo. Estos dolores finalmente cesaron.

Yo estaba en el segundo mes de escribir cuando empecé a desarrollar ataques severos de ansiedad mientras conducía a nuestra iglesia en Denver. Le aviso, nunca he tenido ataques de ansiedad en mi vida. Además, habíamos ido y venido de tres a cinco días a la semana durante dos años. ¡Amo el conducir! Verdaderamente sueño con los viajes de carretera, y la tranquilidad que se apodera de mí mientras conduzco. Esto es por lo general un poco de mis mayores momentos de intimidad con el Señor. Por lo tanto, inmediatamente me di cuenta de que esto era un ataque. Si conducía más allá de una cierta velocidad, mi corazón comenzaba a palpitar fuerte y mis manos a sudar. Me vi obligada a reducir la velocidad hasta el punto donde los automóviles se pasaban por delante de mí sonando sus bocinas. Si iba alrededor de una curva, me sentía como si me iba a voltear mi camioneta. Mi hija fue testigo de esto más veces de las que yo puedo contar durante este tiempo. Semana tras semana, se convertía peor y literalmente pensé que iba a morir en estas carreteras. Le aviso que un año atrás, una bella hermana me envió un correo electrónico. No nos conocemos unos a otros personalmente, sino a través de los medios sociales, hemos llegado a ser grandes hermanas en el Señor. Ella me envió un mensaje que indicaba que el Señor le habló una palabra muy específica sobre mí. Ella comenzó a decirme que Dios dijo que iba a vigilar sobre mi familia ya a mí en las carreteras, mientras viajamos a la iglesia, que no tenía que preocuparme de hielo, lluvia, nieve, o cualquier otro sistema de tiempo. Sus ángeles vigilarían sobre nosotros. Ni una palabra "súper espiritual," sino sólo una palabra de paz y comodidad.

El Desierto

Poco sabía ella, mientras recibía este mensaje, estábamos de viaje regresábamos de nuestra iglesia en Denver durante una de las peores tormentas de nieve de ese año. Automóviles se deslizaban fuera de la carretera delante de nosotros y detrás de nosotros. No podíamos ir más de treinta y cuarenta millas por hora para evitar el deslizarnos, pero aun esto parecía demasiado rápido. La nieve estaba bajando tan rápido que ni siquiera se podía ver las líneas de marcador en la carretera. Yo estaba revisando mi teléfono mientras estábamos en una parada, y había un mensaje parpadeando. Vi el mensaje y era de esta preciosa mujer de Dios. La paz inundó mi corazón, y en ese momento, supe Dios estaba con nosotros y seguiría velando por nosotros, así como él lo había prometido. Así que en este tiempo de crisis de ansiedad, empecé a citarle Su Palabra. Empecé a declarar Sus promesas sobre mi vida, y yo tenía a varias personas cubriéndome en oración durante este tiempo.

Me gustaría poder decirle que fue todo lo que experimenté, pero era sólo el comienzo. Poco después de esto nos mudamos a nuestra nueva casa. Un tiempo que debería haber sido el momento más emocionante, ya que Dios estaba abriendo puertas inimaginables para mi familia, se convirtió en un tiempo de gran oscuridad. Varias palabras proféticas fueron declaradas sobre nuestras vidas, y surgieron rápidamente. ¡Cuatro de las ocho puertas profetizadas se abrieron en el plazo de una semana! Estábamos eufóricos y alabando a Dios por Su Palabra. Poco después de esto, me enferme. Estaba teniendo dificultades para respirar mientras estaba acostada en la cama por la noche, y esto no era un problema de tener un "resfriado". Me estaba quedando sin aliento y saltaba cada noche cuando esto ocurría. Sostenía mi cabeza en alto para que la elevación me ayudara a respirar mejor. Nada estaba ayudando. Los ataques de ansiedad que surgieron en las carreteras ahora entraron en mi casa. Honestamente pensé que me estaba muriendo. Algunas noches yo permanecía despierta toda la noche, luchando contra el impulso de dormirme. El miedo entró en mi corazón y yo estaba segura que si cerraba los ojos no iba a despertar. Empecé a pensar en cómo mi la familia se despertaría y me encontrarían muerta. Al cerrar los ojos tenía visiones de oscuridad y de estar flotando a través de las nubes. Yo estaba realmente siendo atormentado por espíritus demoníacos. Como Cristianos, muchos asumen que no pueden ser afectados por los mismos, pero así como lo vemos con Job, creo que Dios permite que el enemigo haga esto, con el fin de sacarnos fuera de nuestros desiertos en un nivel mayor del que entramos. Una vez más, ¡sé que el testimonio y el impacto de este libro serán para la gloria de Dios!

Compartí esto con un querido mentor mío que me ha cubierto y me ha hablado a mí y sobre mi vida desde hacen ya varios años. Él es un líder fenomenal, tanto en lo espiritual y en los negocios, un misionero a más naciones de las que yo pueda contar, decano de una escuela de teología, y un coordinador a muchos reyes, primeros ministros, presidentes y líderes de todo el mundo. Nos conocimos en Alemania y fue instrumental al profetizar lo que Dios está haciendo ahora en mí y a través de mí en este mismo momento. Yo confío en lo que él habla a mi vida. Su ministerio está probado y aprobado. Éstas eran son sus palabras exactas hacía mí, "Deborah, esto suena mucho más grande que un mero ataque de temporada. Es una estratagema para destruirte, y estoy de acuerdo contigo en que posiblemente puede ser espiritual."

Lo que Job estaba pasando era espiritual, a pesar de que tocó su cuerpo físico, y tenía un propósito. Dios mismo había orquestado esta prueba. El permitió que el enemigo tocara todo concerniente a Job. Si usted está pasando por algo similar, sepa que es para una razón mucho mayor de lo que puedas imaginarte. Usted no ha pecado, no se han caído lejos de Dios, ¡y no estás loco! Usted se han encontrado fiel, y Dios te está preparando para tu siguiente nivel.

"Si he pecado, ¿qué puedo hacerte a ti, oh Guarda de los hombres? ¿Por qué me pones por blanco tuyo, Hasta convertirme en una carga para mí mismo?" (Job 7:20)

Tienes que prepararte para grandes persecuciones y pruebas durante tus tiempos de desierto. Mucha gente no va a entender lo que estás pasando. De hecho, algunas formarán sus propias opiniones de las razón por la cual estás pasando por tanto disturbio, incluso pensando que estás en algún tipo de pecado, desobediencia, rebeldía, o que te has alejado del Señor.

Se muy consciente de las personas que te juzgan durante sus tiempos de prueba en el desierto. A pesar de que ellos, también, son asignados a

El Desierto

ser una parte de tu prueba, pero debes de entender que no van a ir más lejos de tu desierto. No traiga la gente de su "desierto" a su Tierra Prometida. ¡Ellos sólo estaban destinados a ser herramientas temporales en la mano de Dios para impulsarte hacia su destino!

Job entendió esto mejor que muchos otros. No sólo su esposa se dio por vencida a él, sino también sus amigos. Hay muy pocos que Dios ha puesto en tu vida para cubrirte durante estos tiempos de prueba, y muchas veces ni siquiera sabes quiénes son. Tu desierto es un tiempo de aislamiento, de soledad y preparación. Dios tiene que eliminar a personas de tu vida, para que el sólo él reciba únicamente toda tu atención. Él no quiere que dependas de nadie más sino de él.

Cada uno de los amigos de Job, Elifaz, Bildad y Zofar, asumían que conocían lo que Dios estaba haciendo en la vida de Job. Todos ellos dieron sus interpretaciones de su sufrimiento, uno hasta el punto de ofrecer un "sueño" profético para arrojar luz sobre sus aflicciones. La gente asumirá que saben lo que Dios está haciendo en tu vida, cuando en realidad, no tienen ni la más mínima idea de lo que está haciendo, y que sus suposiciones y acusaciones también son a última instancia una parte de Su plan. Dios finalmente hará que tus enemigos y acusadores vean que eres elevado, y tendrán que sentarse y ver mientras comes en la mesa que el Señor ha preparado para ti (Salmo 23:5). Los que te oprimen tendrán que preparar un sacrificio para ti, al igual que se les requirió a los amigos de Job de parte del Señor el hacerlo.

Elifaz:

Recapacita ahora; ¿qué inocente se ha perdido?
Y ¿en dónde han sido destruidos los rectos?
Como yo he visto, los que aran iniquidad
Y siembran injuria, la siegan. (Job 4:7-8)

Bildad:

Si tú de mañana buscares a Dios,
Y rogares al Todopoderoso;
Si fueres limpio y recto,

Deborah G. Hunter

Ciertamente luego se despertará por ti,
Y hará próspera la morada de tu justicia. (Job 8:5-6)

Zofar:

Tú dices: Mi doctrina es pura,
Y yo soy limpio delante de tus ojos.
Mas!! oh, quién diera que Dios hablara,
Y abriera sus labios contigo,
Y te declarara los secretos de la sabiduría,
Que son de doble valor que las riquezas!
Conocerías entonces que Dios te ha castigado menos de lo que tu
iniquidad merece. (Job 11:4-6)

Cada uno de ellos acusaron a de Job de algún tipo de iniquidad. Iniquidad significa gran injusticia o un acto extremadamente inmoral, groseramente inmoral. ¿Por qué Dios dijo lo que dijo en Job capítulo uno si Job era encontrado como un hombre inmoral, un hombre de profunda inmoralidad? Recuerda lo que Dios dijo, *"¿No has considerado a mi siervo Job, que no hay otro como él en la tierra, varón perfecto y recto, temeroso de Dios y apartado del mal?"* Esto seguramente no fue un castigo por maldad o inmoralidad; esto era una comprobación de quien Dios dijo que él era al enemigo, además de revelar la gloria de Dios a través de las pruebas de Job. No se preocupe de que los demás te digan quién eres, o lo que piensan que estás pasando. Al final, Dios recibirá la gloria de por tu vida, ¡y todos los que hablaron en contra de ti tendrán que ver al Señor te elevarte para Su magníficos propósitos!

La respuesta de Job fue bastante larga. Él prácticamente expuso sus amigos. Él estaba desconcertado en cómo le podrían acusar, en lugar de confortarlo. Pero la afirmación de que se eleva por encima de todas las demás es, "He aquí, aunque él me matare, en él esperaré" (Job 13:15). Job confiado en su relación con Dios, y sabía que era sin acusación y justo, temeroso de Dios y apartado del mal. Así que defendió su causa, aunque significara la muerte. Él confiaba en que sobre todo lo que estaba ocurriendo, Dios estaba todavía en control. Sus amigos siguieron a burlándose de él y acusándole. Todo era el plan de Dios para el proceso de preparación de Job, su desierto.

El Desierto

"¡Oh tierra! no cubras mi sangre, Y no haya lugar para mi clamor. Mas he aquí que en los cielos está mi testigo, Y mi testimonio en las alturas. Disputadores son mis amigos; Mas ante Dios derramaré mis lágrimas. ¡Ojalá pudiese disputar el hombre con Dios, Como con su prójimo!" (Job 16:18-21)

Job estaba pidiendo a gritos a alguien que apelara al Señor en su favor. Recuerdo, demasiado bien, este sentir en mi desierto. Gente que hablaba en el pasado tan bien de mí en ahora estaban acusándome de las mismas cosas que Job fue acusado por sus amigos. Casi al instante, la gente que iba en contra de mí eran las mismas que días anteriores me estaban esforzando. Me sentí tan traicionada y confundida. No entendí que esto era obra de Dios.

"Hizo alejar de mí a mis hermanos, Y mis conocidos como extraños se apartaron de mí. Mis parientes se detuvieron, Y mis conocidos se olvidaron de mí." (Job 19:13-14)

No tenía nada que ver con mi inocencia, pero todo tenía que ver con Su propósito para mi desierto. Job confió en Dios, aunque en ocasiones no entendía. Eventualmente, yo también encontré este lugar de consuelo. Yo estaba herida y aun hoy en día, triste por la pérdida de relaciones, pero confío en mi Padre. Confío en que Él sabe la largura de mis días, los pasos de mi camino, y la gente que caminará conmigo a lo largo de este viaje… Él está ordenando mis propios pasos y los tuyos también.

"Más él conoce mi camino; Me probará, y saldré como oro." (Job 23:10)

El quebrantamiento nos conduce a un lugar de belleza en nuestras vidas. A través de toda la devastación en el desierto de Job, sus hijos morirse, sus posesiones despojadas de sus manos, y las aflicciones puestas sobre él por el enemigo, y las acusaciones lanzadas contra él por sus amigos, Job todavía se encontró cimentado en su fe en Dios y el amor que Su Señor tenía por él.

"Dios usa las cosas rotas. Se necesita terreno roto para producir una cosecha, nubes rotas para dar lluvia, grano partido para dar pan, pan partido para dar fuerza. Es el vaso de alabastro roto que da vuelta perfume. Eso un Pedro llorando amargamente que regresa con un poder mayor que nunca." ~ Vance Havner

Qué hermosa analogía del quebrantamiento. Sin el en nuestras vidas, nunca vamos a ver realmente la belleza del fruto que es producido por el mismo. Es por medio de la trituración de las aceitunas que la formación del más puro aceite de olivas es producido. La unción se forma en nuestras vidas a través de las pruebas, dificultades y las tribulaciones que soportamos. Nuestro Señor y Salvador fue abatido, magullado, golpeado, azotado, hostigado y desgarrado. Su cuerpo fue quebrantado por nosotros. En su quebrantamiento, la gloria de Dios fue revelada al mundo. Algunos sólo ven la imagen espantosa de un cuerpo sin vida colgando en la Cruz, pero yo veo la "belleza del quebrantamiento" en el Hijo, quien se entregó y dio su vida para que muchos otros hijos pudieran vivir en la eternidad con su Padre.

Job fue restaurado por Dios y bendecido más en sus días postreros más que en los anteriores. Su tiempo en su desierto reveló una confianza más íntima y relación con Dios, y produjo aún más belleza en la vida de este siervo. Sus amigos, familiares y vecinos fueron testigos de muchas valiosas lecciones de vida a través de sus pruebas y sus vidas, al igual que Job, nunca fueron igual.

¿Quién va a entrar en la eternidad a través de su voluntad de permitir que el quebrantamiento obre en su vida? Por medio de tu salida fuera del desierto, ¿cuántos otros verán la gloria de Dios revelada a través de tu vida? Esto es mucho más grande que sólo una prueba para nosotros; es el plan para que muchos más vengan al conocimiento del Salvador Jesucristo a través de nuestras vidas sometidas. Estamos llamados a entregar nuestras vidas y tomar nuestra cruz así como lo hizo Jesús. La tierra tiene que ser rota para que las semillas sean plantadas, y tiene que romperse de nuevo para que la cosecha brote. No desprecies el proceso. ¡Permitir que el dolor de tu preparación sea el catalizador para impulsarte hacia tu Tierra Prometida! ¡Hay belleza en el quebrantamiento! ¡Eres un hijo de Dios!

Consejos del Capítulo

#30: Dios puede hacer un camino donde parece que no hay.

Cuando llegues al punto en el que absolutamente nadie y nada puede ayudarte en tu situación, ¿qué harás después? ¿Dónde irás y a quién vas a llamar? Se dice que la extremidad o el límite del ser humano es con frecuencia el lugar de encuentro con Dios. Se convierte en un punto inigualable de encuentro con la divinidad. El Salmista escribió: "Alzaré mis ojos a los montes; ¿De dónde vendrá mi socorro? 2 Mi socorro viene de Jehová, Que hizo los cielos y la tierra." (Salmo 121:1-2, NVT) ~ Dr. Dennis Sempebwa

#31: Hay algunas pruebas las cuales no vamos a entender. ¡Confía en él y verás como él mostrara su gloria!

Dios nunca nos revela todo a nosotros. El conoce que si tenemos conocimiento de cada paso, correríamos tan rápido como nosotros podríamos en la dirección opuesta. Usted no tiene que tener todos las respuestas, sólo pon toda tu confianza en él y síguelo ciegamente. Hay una fe tan preciosa que se desarrolla durante estos tiempos de quebrantamiento. La Palabra dice que las cosas secretas le pertenecen a Dios, pero hay ciertas cosas que serán reveladas. Algunas cosas se "mantienen en secreto u oculto" hasta que se necesita para ser conocida.

#32: El quebrantamiento es esencial para entrar en nuestra Tierra Prometida.

Si hemos de caminar en la plenitud de Dios y entrar en sus propósitos divinos para nuestras vidas, tenemos que morir a nuestra vida carnal. El yo personal no puede entrar en el Reino. Tu desierto está diseñado para que purgar todo lo que no es de Dios. ¡Entrégate y deja que Dios obre!

#33: ¡Él es el Alfarero y nosotros somos el barro!

Permítele al Señor moldearte en una vasija que Él puede usar para Su gloria. Ya no se trata de lo que quieres, sino totalmente lo de Él desea para tu vida. Él es capaz de hacer todas las cosas mucho más abundantemente de lo que pedimos o pensamos. ¡Tu final se ve magnifico!

"... para que sean consolados sus corazones, unidos en amor, hasta alcanzar todas las riquezas de pleno entendimiento, a fin de conocer el misterio de Dios el Padre, y de Cristo," Colosenses 2:2

Capítulo 10

¿Señor que me está ocurriendo? El Monte del Calvario

"El Desierto de Damasco" (El Lugar de Ánimo)

"y enviamos a Timoteo nuestro hermano, servidor de Dios y colaborador nuestro en el evangelio de Cristo, para confirmaros y exhortaros respecto a vuestra fe."
~1 Tesalonicenses 3:2

El final desierto que vamos a estudiar es el desierto de Damasco. Este desierto representa el "Lugar de Ánimo". En nuestra jornada en el desierto una de las cosas que más se necesita es el ánimo. Para nosotros poder marchar hacia adelante y caminar a través de estas pruebas, necesitamos ser animados, ya sea a través de la Palabra, la oración, o por medio de aquellos que han soportado fielmente su propias experiencias en su desierto. El ánimo es crucial si vamos a caminar con éxito a través de nuestro desierto y en nuestra Tierra Prometida. Elías fue considerado uno de los más grandes profetas de todos los tiempos. De hecho, él es uno de los tres de pie en el Monte de

Deborah G. Hunter

la Transfiguración, junto con Moisés y Jesús, cuando nuestro Señor fue visto en Su gloria por los tres discípulos Pedro, Juan y Santiago. Elías era uno de los pocas las personas que se "trasladado," o subido por Dios hacia el Cielo; él no vio una la muerte física.

El nombre de Elías significa "Jehová es Dios". Él era un hombre de gran fe, la audacia y valentía. Este profeta de Dios escuchó la voz del Señor y fue obediente para llevar a cabo cada palabra. En su obediencia a Dios le entrega de una palabra a Acab, Dios llevó a Elías a un tiempo de refrigerio. Él fue dirigido hacia el arroyo de Querit, donde recibió agua. Dios le proveyó el pan y la carne a través de la boca de los cuervos cada día hasta que el arroyo de agua se secó. Elías conocía a Dios como Jehová, en este caso, Jehová Jireh, el Señor su proveedor. Su caminar con el Señor reveló que Dios estaba con él en cada paso del camino, desde el caso de a la viuda de Sarepta que proveyó para él, el milagro del aceite interminable y la comida para él, la viuda, y su hijo, así como el Señor utilizó a Elías para resucitar a este niño de la muerte. Un milagro tras otro se ve a través de la vida de este increíble profeta de Dios. Lo más notable es el milagro de la lluvia que se produjo en una época de gran escasez.

El profeta una vez más abrió su boca en obediencia al Señor acerca de Acab y su pueblo. Estaba confiado, fue audaz y sin vergüenza de hablar lo que el Señor estaba diciendo, un verdadero profeta de profetas.

"Cuando Acab vio a Elías, le dijo: ¿Eres tú el que turbas a Israel? Y él respondió: Yo no he turbado a Israel, sino tú y la casa de tu padre, dejando los mandamientos de Jehová, y siguiendo a los baales. Envía, pues, ahora y congrégame a todo Israel en el monte Carmelo, y los cuatrocientos cincuenta profetas de Baal, y los cuatrocientos profetas de Asera, que comen de la mesa de Jezabel." (1 Reyes 18:17-19)

¿Qué confianza en la cara de la adversidad! Elías le articula con confianza a Acab lo que el Señor estaba diciendo. Acab prestó atención a las palabras de Elías y convocó a los ochocientos cincuenta profetas al Monte Carmelo. ¿Ahora bien, no sé cuántos hombres siquiera llegarían a este punto? En ninguna parte se dice que Elías tenía algunas tropas, compañeros u otros Profetas con él; ¡él estaba solo! Y he aquí él estaba convocando a más de ochocientos cincuenta hombres para encontrarse con él. Elías podría haber sido asesinado al instante frente a Acab, y con seguramente en esta montaña con las tropas de hombres, pero la mano de Dios estaba sobre este profeta.

"20 Entonces Acab convocó a todos los hijos de Israel, y reunió a los profetas en el monte Carmelo.

21 Y acercándose Elías a todo el pueblo, dijo: ¿Hasta cuándo claudicaréis vosotros entre dos pensamientos? Si Jehová es Dios, seguidle; y si Baal, id en pos de él. Y el pueblo no respondió palabra.

22 Y Elías volvió a decir al pueblo: Sólo yo he quedado profeta de Jehová; mas de los profetas de Baal hay cuatrocientos cincuenta hombres.

23 Dénsenos, pues, dos bueyes, y escojan ellos uno, y córtenlo en pedazos, y pónganlo sobre leña, pero no pongan fuego debajo; y yo prepararé el otro buey, y lo pondré sobre leña, y ningún fuego pondré debajo.

24 Invocad luego vosotros el nombre de vuestros dioses, y yo invocaré el nombre de Jehová; y el Dios que respondiere por medio de fuego, ése sea Dios. Y todo el pueblo respondió, diciendo: Bien dicho.

25 Entonces Elías dijo a los profetas de Baal: Escogeos un buey, y preparadlo vosotros primero, pues que sois los más; e invocad el nombre de vuestros dioses, mas no pongáis fuego debajo.

26 Y ellos tomaron el buey que les fue dado y lo prepararon, e invocaron el nombre de Baal desde la mañana hasta el mediodía, diciendo: ¡Baal, respóndenos! Pero no había voz, ni quien respondiese; entre tanto, ellos andaban saltando cerca del altar que habían hecho.

27 Y aconteció al mediodía, que Elías se burlaba de ellos, diciendo: Gritad en alta voz, porque dios es; quizá está meditando, o tiene algún trabajo, o va de camino; tal vez duerme, y hay que despertarle.

28 Y ellos clamaban a grandes voces, y se sajaban con cuchillos y con lancetas conforme a su costumbre, hasta chorrear la sangre sobre ellos.

29 Pasó el mediodía, y ellos siguieron gritando frenéticamente hasta la hora de ofrecerse el sacrificio, pero no hubo ninguna voz, ni quien respondiese ni escuchase.

30 Entonces dijo Elías a todo el pueblo: Acercaos a mí. Y todo el pueblo se le acercó; y él arregló el altar de Jehová que estaba arruinado.

31 Y tomando Elías doce piedras, conforme al número de las tribus de los hijos de Jacob, al cual había sido dada palabra de Jehová diciendo, Israel será tu nombre,

32 edificó con las piedras un altar en el nombre de Jehová; después hizo una zanja alrededor del altar, en que cupieran dos medidas de grano.

33 Preparó luego la leña, y cortó el buey en pedazos, y lo puso sobre la leña.

34 Y dijo: Llenad cuatro cántaros de agua, y derramadla sobre el holocausto y sobre la leña. Y dijo: Hacedlo otra vez; y otra vez lo hicieron. Dijo aún: Hacedlo la tercera vez; y lo hicieron la tercera vez,

35 de manera que el agua corría alrededor del altar, y también se había llenado de agua la zanja.

36 Cuando llegó la hora de ofrecerse el holocausto, se acercó el profeta Elías y dijo: Jehová Dios de Abraham, de Isaac y de Israel, sea hoy manifiesto que tú eres Dios en Israel, y que yo soy tu siervo, y que por mandato tuyo he hecho todas estas cosas.

37 Respóndeme, Jehová, respóndeme, para que conozca este pueblo que tú, oh Jehová, eres el Dios, y que tú vuelves a ti el corazón de ellos.

38 Entonces cayó fuego de Jehová, y consumió el holocausto, la leña, las piedras y el polvo, y aun lamió el agua que estaba en la zanja.

El Desierto

39 Viéndolo todo el pueblo, se postraron y dijeron: ¡Jehová es el Dios, Jehová es el Dios!

40 Entonces Elías les dijo: Prended a los profetas de Baal, para que no escape ninguno. Y ellos los prendieron; y los llevó Elías al arroyo de Cisón, y allí los degolló." (1 Reyes 18:20-40)

La experiencia de Elías en este desierto es probablemente una de las más notable en la Escritura. El huyó al "Desierto de Damasco" después de que él había tenido una de las mayores victorias de su vida. Él había matado a más de cuatrocientos cincuenta profetas de Baal. Acab compartió la hazaña de Elías con su esposa, Jezabel, y ella se comprometió a matar a Elías a ese mismo tiempo, el día siguiente.

"Viendo, pues, el peligro, se levantó y se fue para salvar su vida, y vino a Beerseba, que está en Judá, y dejó allí a su criado. Y él se fue por el desierto un día de camino, y vino y se sentó debajo de un enebro; y deseando morirse, dijo: Basta ya, oh Jehová, quítame la vida, pues no soy yo mejor que mis padres." (1 Reyes 19:3-4)

Elías estaba cansado. ¿Cómo podría alguien que acababa de derrotar a cuatrocientos cincuenta profetas tener miedo de una mujer? Este espíritu de intimidación, de Jezabel, lo tomó en uno de sus más vulnerables momentos. Estaba espiritualmente, emocionalmente y físicamente agotada, por lo que corrió. Él le pidió al Señor que le quitara la vida, pero Dios conocía que Elías sólo estaba agotado. En los siguientes versos, el Señor renueva al hombre de Dios y lo prepara para su siguiente asignación.

"Y echándose debajo del enebro, se quedó dormido; y he aquí luego un ángel le tocó, y le dijo: Levántate, come. Entonces él miró, y he aquí a su cabecera una torta cocida sobre las ascuas, y una vasija de agua; y comió y bebió, y volvió a dormirse. Y volviendo el ángel de Jehová la segunda vez, lo tocó, diciendo: Levántate y come, porque largo camino te resta. Se levantó, pues, y comió y bebió; y fortalecido con aquella comida caminó cuarenta días y cuarenta noches hasta Horeb, el monte de Dios." (1 Reyes 19:5-8)

Deborah G. Hunter

Muchas veces somos conducidos a nuestro desierto porque necesitamos ser refrescados. Hemos peleado muchas batallas espirituales, y necesitamos ser abastecidos. Necesitamos saturarnos con la Palabra de Dios (comer), permitir que el Espíritu de Dios vuelva a llenar nuestras vidas (beber) y reposar en Su presencia y estar quietos (descansar). Estamos siendo preparados continuamente para cada jornada o asignación en Cristo. Asegúrese de estar renovado y seguir permitiéndole al Señor que te rellene, o sino no tendrás nada que brotar, y te convertirás agotado en servir y ayudar al pueblo de Dios.

"Y le dijo Jehová: Ve, vuélvete por tu camino, por el desierto de Damasco; y llegarás, y ungirás a Hazael por rey de Siria." (1 Reyes 19:15)

Después de que el Señor había fortaleció a Elías al proveerle comida, bebida y descanso, huyó a una cueva después de viajar durante cuarenta días y cuarenta noches. Este es un espejo profético de la deambulación de los hijos de Israel en su camino hacia la Tierra Prometida. También vemos la prueba de nuestro Señor y Salvador, Jesucristo, en Mateo como profecía cumplida como la sombra de este texto en Elías. Él, también, fue probado por el enemigo, pero la Palabra dice que "Ayunó," o eligió, disciplinarse a sí mismo durante cuarenta días y cuarenta noches en el desierto, y después, se narra que tuvo hambre y que los ángeles le servían. ¿Qué estaba haciendo Elías haciendo, o que no estaba haciendo que le causó tanta ansiedad y miedo en su vida? ¿Se había desviado Elías de las disciplinas espirituales de la lectura, el ayuno y la oración? ¿Se convertirían los milagros y las victorias espirituales en un patrón de norma para él que simplemente esperaba que Dios lo sustentara? ¿Estaba tan acostumbrado de escuchar a Dios por los milagros sobrenaturales y las victorias que era incapaz de oírle cuando lo estaba llamando a descansar?

"Él le dijo: Sal fuera, y ponte en el monte delante de Jehová. Y he aquí Jehová que pasaba, y un grande y poderoso viento que rompía los montes, y quebraba las peñas delante de Jehová; pero Jehová no estaba en el viento. Y tras el viento un terremoto; pero Jehová no estaba en el terremoto. Y tras el terremoto un fuego; pero Jehová no estaba en el fuego. Y tras el fuego un silbo apacible y delicado." (1 Reyes 19:11-12)

El Desierto

Elías estaba acostumbrado a escuchar a Dios en las "cosas grandes," pero Dios estaba tratando de entrenar su oído para que lo escuchara a Él cuando no había ninguna "asignación especial" para cumplir. Elías se había vuelto tan acostumbrado a ser "utilizado" por el Señor, que empezó a sentir que sus victorias habían llegado por su propia fuerza. Había llegado a un punto en que la ansiedad y el miedo tomaron control de su corazón y de su mente que se sintió que era el único que quedaba para el Señor. Dios animó a Elías que no estaba solo en esta jornada, que había siete mil creyentes que no habían doblado rodillas ante Baal.

No puedo juzgar por Elías al pensar que era el único que quedaba para llevar la antorcha para Señor. Yo también muchas veces me he sentido de esta manera. Al servir al Señor de todo corazón y participando en guerra espiritual a través la oración y la intercesión por tanto tiempo, me había vuelto cansada. No entendiendo que necesitaba el descanso del Señor, continué constantemente en la obra de Dios. Si Jesús necesitaba alejarse de las multitudes, los milagros, y el "alboroto" e ir a la cima de la montaña para ayunar y orar, también necesitamos hacerlo.

Muchos líderes espirituales y ministros del Evangelio se están ago- tando porque no obteniendo el reposo del Señor. Ellos están operando en los humos y las palabras de antaño para sostenerlos. Tenemos que tomar tiempos fuera del ministerio, con la familia, amigos, y sí, en tiempos de silencio en reposo, relajación, en la renovación de la Palabra de Dios, en ayuno y la oración. Y otros tienen que respetar esto y dejar espacio para el mismo, para que podemos estar refrescados. Si continúas a ocupando a tu hombre o mujer de Dios y esperar que estén en todas partes todo el tiempo, se convertirán agotados y frustrados, porque están operando de la carne y no del Espíritu de Dios. "No con ejército, ni con fuerza, sino con mi Espíritu, ha dicho Jehová de los ejércitos" (Zacarías 4:6).

No podemos hacer la voluntad o la obra del Señor por nuestra propia fuerza o poder. Tenemos que depender completamente y totalmente de Su Espíritu habitando en nosotros para llevar a cabo las tareas que estamos llamados a cumplir. Jesús, en su camino al Calvario, se detuvo en el huerto de Getsemaní a orar. La Biblia dice que sudó gotas de sangre porque estaba muy preocupado y angustiado con sufrimiento. Oró para que Dios quitara este sufrimiento de él, pero si no lo hacía, Su voluntad era más importante que la aflicción temporal que tenía que soportar. El sufrimiento y el sacrificio de Jesús permitieron que el Espíritu Santo fuese derramado sobre aquellos que creen en él.

La palabra Getsemaní es una palabra hebrea deriva de dos raíces, Gat y Shmanim, que significa "el lugar donde se oprime el aceite de oliva". En una prensa de aceite, las aceitunas se recogen en sacos y se amontonan una encima de la otra. Presión era añadida al final de la viga para oprimir el aceite de las aceitunas. Entre más presión; más aceite. El aceite de oliva simboliza la presencia del Espíritu de Dios. También fue utilizado para traer la luz del candelabro en el Tabernáculo al desierto.

El Calvario de Elías estaba en el desierto de Damasco. Estaba siendo presionado en el fuego de la aflicción en su mente, pero través de cada temporada de reposo, estaba siendo reforzado por el Espíritu de Dios para sus asignaciones. La luz de Dios estaba siendo restaurada en su alma. El impulso de Jesus en el huerto produjo la presencia de Dios cual necesitaba para continuar en su jornada hacia el Gólgota. José, aunque en un pozo sin agua, generó una alabanza en su corazón que convocó el Dios del cielo oír su clamor y enviar una banda de Ismaelitas para sacarlo de su oscuridad. David, en las profundas garras de la venganza de Saúl, desató su corazón de siervo y activó la presencia de Dios en su vida. La mujer en el pozo, aunque en silencio, fue empujado y perseguida por hipócritas, pero sacó del pozo de Agua Viva y nunca más fue la misma.

Deborah y Jael, en medio de una sociedad dominada por los hombres, poseían tal gracia y sabiduría a través de la sumisión y honor a sus maridos que Dios puso la victoria en sus manos. Los hijos de Israel vagaron sin rumbo durante cuarenta años, y muchos murieron en su desierto, pero algunos soportaron hasta el final y fueron testigos de su Tierra Prometida. Sansón, aunque cegado por los filisteos, vio mejor en la oscuridad que en la claridad. En la temporada más oscura de su vida, finalmente fue capaz de ver de Dios el propósito. La lujuria de Salomón por la riqueza, el estatus, la fama y las mujeres le costaron su reino, pero Dios no lo cortó por completo. Dejó una parte del reino a su hijo, a causa de su pacto con David. La misericordia de Dios es infinita. Job fue despojado de todo lo valioso para él: sus hijos, su casa, su propiedad, su

El Desierto

ganado, su negocio, su riqueza y su salud. En su quebrantamiento, ¡Dios se lo restauró todo a él! ¡Él recibió el doble por sus problemas! Y por último, Elías el Profeta punzante. Sus hazañas le precedieron, pero fue en las cámaras de calma en su mente, mientras descansa y se renovaba, que recibió la fuerza y el ánimo para continuar en su asignación.

¡No te rindas! Elías pasó de un espíritu de euforia en un profundo pozo de depresión, pensando que él era el único que queda para defender a Dios en los malhechores. ¿Qué ocurre cuando las grandes victorias no terminan de la forma en que esperamos que terminaran? Puede llegar a ser el lugar donde perdemos la fe y tocamos el fondo. Es una posición en la que tu fe no está puesta en Dios, sino en "tu" conocimiento de Dios y en lo que ha hecho anteriormente en tu vida. Este poderoso hombre de gran fe, un gran profeta heroico, ahora tiene miedo y está corriendo. Había perdido la fe en Dios y miraba a su fuerza, que era limitada, para derrotar a Jezabel y a su ejército de falsos profetas.

Dios lo regresó de nuevo para recordarle a Elías de su bondad y fidelidad; le recordó a poner completa confiar en él. Dios comienza con las necesidades físicas y emocionales antes de tratar con lo espiritual. Somos enviados a nuestros desiertos porque este es el lugar donde somos capaces de oír el "silbo apacible y delicado". Este es el lugar donde Dios se mueve mayor, cuando nuestra consciencia despierta y se convierte en la fuerza más poderosa en el mundo. Dios por lo general trabaja cuando las cosas están en un punto aparentemente detenido. Cuando Dios parece estar haciendo nada, las cosas más grandes se están llevando a cabo. Un cambio de actitud es a menudo la clave para una vida transformada.

Elías finalmente dejó de correr lo suficiente para escuchar la voz de Dios. Fue en este lugar donde recibió las instrucciones para seguir hacia adelante en sus asignaciones. ¿Va a dejar de correr? ¿Estás dispuesto a dejar a un lado la "obra del ministerio" para escuchar realmente lo que Dios te está diciendo ahora mismo? No es lo que te habló hace veinte años atrás, hace diez años atrás, cinco años atrás, o incluso el año pasado, ¿pero que está diciéndote Dios ahora? Todos tenemos que permanecer flexible al Espíritu de Dios. Remueve las cadenas al Espíritu Santo. Desatar las cadenas de la autosuficiencia y permite que el Señor tenga control de tu vida. Usted no está llamado a tener el control. Tú no tienes el comando de tomar las decisiones que sólo Dios puede hacer. Usted está encargado de seguir Su dirección, a través de Su ejemplo, de manera que las vidas puedan ser tocadas, sanadas, rescatadas, puestos en libertad y ser salvas. Nuestro máximo ejemplo es Jesucristo, y Él soportó cada desierto que nos vayamos a enfrentar. El atravesó su desierto para animarnos que también podemos atravesar el nuestro.

Obtuvo el premio de ser un Hijo. "Este es mi Hijo amado en quien tengo complacencia." Abrase el proceso de tu preparación para que puedas entrar a tu Tierra Prometida. ¡La manifestación de los hijos!

Consejos del Capítulo

#35: El descanso es absolutamente pertinente para la vida de un Creyente.

¡Usted no es un súper héroe y tú no eres Dios! De la misma manera que usted necesita ser abastecido en las disciplinas espirituales de la lectura, el ayuno y la oración, tienes que reponer su cuerpo físico en lo natural a través del reposo.

#36: El ánimo es esencial para mantener un equilibrio saludable en su asignación.

Usted no está solo en el Reino. Dios nunca pondría tanta presión sobre una persona, excepto a su hijo Jesucristo quien llevó el peso del mundo sobre sus hombros. Haga su parte, manténgase cerca del Señor, y termina tu carrera. ¡Hay una corona esperando por tu fidelidad!

#37: Asegúrese de que sus victorias no silencien la voz que está clamando en el desierto.

Ganar batallas para Cristo es una sensación fenomenal, pero nunca permitas que las "campanas de batalla" opaquen la voz Dios en tu vida. Tenga en cuenta que hay muchas más batallas que luchar, así que mantén abiertas las líneas de comunicación entre usted y Dios.

#38: Aunque Dios es GRANDE, normalmente NO se encuentra en grandes cosas.

Dios es un Dios celoso. El ama bendecir a su pueblo y su deseo es que nosotros le conozcamos, pero Él no utiliza toda las "campanas y silbatos" que hacemos en el ministe-rio para probar que él es Dios. Elías fue utilizado en grandes milagros, pero las maravillas y prodigios no eran para su beneficio, pero para los falsos profetas que no creían. Conocemos a Dios por medio de su Palabra y por Su amor por nosotros. El habla a través de las cosas "pequeñas," y somos requeridos a aprender a como discernir su voz. Él no estaba en el viento, no en el terremoto, y no en el fuego... Él llegó con una "voz apacible". Escucha.

#39: Recuerde lo que Dios ha hecho por ti.

Dios proveyó tantas veces para Elías antes de esta gran hazaña con los profetas de Baal. Se le dio de comer en el arroyo de Querit a través de cuervos, Él suplió comida para Elías, la viuda y su hijo, Él proporcionó el aceite que rebo-sando cual permitió que a la mujer y a su hijo vivir, y trajo la lluvia después de una sequía de seis años. Nunca olvides lo que Dios ha hecho por usted durante toda su vida. Y tam-poco nunca olvides que fue él haciéndolo. Cuando deja-mos de darle gracias a Él y reverenciándole, tomamos crédito por las maravillas que él a llevado a cabo en nues-tras vidas.

#40: ¡Abraza tu desierto!

¡Tú desierto no está destinado a destruirte; está diseñado para impulsarte hacia tu promesa!

"Yo te conocí en el desierto, en tierra seca."
Oseas 13:5

EPÍLOGO

Si intencionalmente leemos y meditamos en la Biblia, no podemos dejar de ver los muchos ejemplos en las Escrituras que apuntan hacia el desierto. El Antiguo Testamento está enlazado con los hijos de Israel errantes de un desierto a otro desierto, en busca de alguna llenura. Elías cayó en la trampa de intimidación de Jezabel mientras estaba agotado y huyó al desierto con angustia y depresión. David pasó muchos días y muchas noches en el desierto, huyendo de la mano del rey Saúl. Aún Jesús pasó cuarenta días en el desierto antes de que él fuera lanzado para llevar a cabo los milagros sobrenaturales de la Biblia. En estos muchos ejemplos, debemos asumir que en algún momento a lo largo de nuestra jornada, cada uno de nosotros vamos a experimentar nuestro propio desierto.

Para caminar plenamente en nuestro propósito, debemos tratar de obtener una mejor comprensión de la verdadera importancia del "desierto". El desierto es un lugar donde nuestros sentidos naturales están ordenados a someterse lo espiritual. Es en nuestra disposición de crucificar nuestra carne durante estas temporadas que nuestros sentidos espirituales se acentúan, y quedamos endeudas con el Espíritu de Dios que está en nosotros. Oímos tan a menudo, "¡Déjalo ir y deja que Dios obre!" Esto no podría ser una declaración más auténtica concerniente al desierto. Él es el que nos conduce a nuestras temporadas de prueba. Dios es el Orquestador de nuestros pasos, y si le permitimos que nos guie, podremos ver la belleza de cada prueba y dificultad cual atravesamos por medio de nuestro desierto.

Cada creyente pasa a través de lo que se puede describirse como experiencias del desierto. Cada uno de nosotros debe ser puesto a prueba sobre nuestra fe. Nosotros tenemos que saber quién es Dios en nuestras vidas, y muchas veces, tenemos que ser recordados a través de los caminos del desierto. El desierto no solo sirve como un lugar de desolación y de hambre, sino también un lugar de nutrición, de pruebas y revelación, y un marco para una verdadera transformación. Me estremezco cuando escucho a la gente decir que ya no necesitamos ir a través del desierto, porque somos una parte la iglesia del Nuevo Pacto, y entramos en nuestra Tierra Prometida a través de la muerte y resurrección de Jesucristo. ¿Por qué él habría revelado tantos casos en la Palabra de Dios acerca de la necesidad del desierto si no requeriría que cada uno de nosotros lo experimente? Es el orgullo y la arrogancia el pensar que hemos "llegado" y que no tenemos que ir a través de la conversión. ¿No es eso el objetivo? Para ser transformados por la renovación de nuestra mente?

El lugar que parece ser el más difícil, el más oscuro, y el más confuso que hemos experimentado en nuestras vidas, también puede convertirse en el lugar donde nos encontramos con el vivo y verdadero Dios de nuestra salvación. Debemos de mirar a nuestras situaciones con ojos diferentes. No todo lo que parece verse bien es Dios, pero más importante, no todo que se siente mal es del diablo. Dios permite las pruebas para producir una mayor cosecha de frutos en nuestras vidas. ¡Estas experiencias son tiempos de gran crecimiento, y el mismo lugar que parece vacío de toda esperanza y luz es realmente una puerta a tu destino! Podemos comparar esto con la jornada de una bebé a través del vestíbulo de la matriz. Es un oscuro y estrecho vereda a través del canal del parto. Está siendo forzado a una posición en la que empieza a apretar, y hace que el bebé esté incómodo. Está dejando su entorno natural y lo que es "cómodo" para él, y es inseguro de lo que está por venir en al otro lado. Pero una vez que la corona de su cabeza rompe a través del atrio de la vida, la *luz* llena todo el interior de esa criatura. Llora, tiembla, y tiene miedo. La luz agita los ojos del bebé y puede tardar unos minutos, pero ahora pueden finalmente ver. Una vez que se adaptan a su nuevo entorno, vemos la sonrisa de esperanza y un amor inconmensurable.

La fe no se puede explicar. Estamos entrando en un lugar en el cual nunca entramos. ¡Un lugar de paz, descanso y vida en abundancia! Pero nosotros tenemos que entender que hay un proceso. Tenemos que ir primeramente a través desierto, con el fin de entrar en la bendición y la prosperidad de Dios, o nos encontraremos reemplazando al Dador con los dones. Sostente firme a tu proceso y permanece cerca de la presencia

El Desierto

del Señor. Mayores cosas están guardadas para los que fielmente soportan y perseveran en medio de la adversidad. Dios te está preparando para ser un hijo. Él está produciendo belleza dentro de ti más allá de lo que jamás podrías imaginarte. Tu proceso en el desierto está produciendo una recompensa mucho más duradera que cualquier otra felicidad temporal y recompensa terrenal. Dios quiere usarte para traer más gente a su Reino. ¡Él desea que tu vida impacte al mundo para Jesucristo! ¡El mundo está esperando la manifestación de los hijos de Dios! ¡Tú eres un hijo!

"Y habrá allí calzada y camino, y será llamado Camino de Santidad; no pasará inmundo por él, sino que él mismo estará con ellos; el que anduviere en este camino, por torpe que sea, no se extraviará." (Isaías 35:8)

"¿Quién es ésta que sube del desierto,
Recostada sobre su amado?" Cantares 8:5

SOBRE EL AUTOR

Deborah G. Hunter es una esposa, madre, autora, conferencista inspiradora, y Directora Ejecutiva & Publicista de Hunter Heart Publishing. Ella ha escrito tres libros de su propia inspiración, Rompiendo la Mentalidad de Eva ("Breaking the Eve Mentality"), Levantando a tu Profeta ("Raising your Prophet"), y El Llamado a la Intercesión ("The Call of Intercession"). Deborah viaja a nivel nacional e internacional en su misión de "Ofreciendo el Corazón de Dios a un Mundo Moribundo" a través del inspirado don de la escribir, testimonio personal, y a través de los dones que Dios ha depositado en ella. Ella sirve como una ávida filántropa a través de su Organización de caridad, Aviva el Don, dedicada a proporcionar apoyo a los necesitados en todo el mundo, incluyendo el país de Japón después del evento del Terremoto/Tsunami que asoló este país en el 2011.

Deborah ha sido una Creyente nacida de nuevo desde la edad de doce años y desde entonces ha estado en su camino hacia su destino. Fue ordenada como ministro el 7 de julio de 2007 en Kitzingen, Alemania, de la Iglesia International Gospel Church. Ella recibió su Bachillerato en Artes en Estudios Bíblicos/Teología de la Escuela Graduada de Teología en Minnesota.

Deborah está casada con Chris Hunter, Jr., personalidad de la radio y Director Ejecutivo de Hunter Entertainment Network, un conglomerado de medios Cristianos de comunicación, incluyendo sello discográfico, películas, libros, y compañías de producción musical. Juntos comparten en la crianza de sus tres hijos, Jade, Elías, y Ja'el, y son el padre y la madrastra de tres, junto con tres hermosos nietos.

ORACIÓN DE SALVACIÓN

"Dios, vengo a ti en el nombre de Jesús. Te pido que entres
en mi vida. Confieso con mi boca que Jesús es mi Señor
y creo en mi corazón que lo has ha resucitado de entre los
muertos. Le doy la espalda al pecado y me comprometo a seguirte
el resto de mi vida. Te doy las gracias, Padre, por salvarme."

Si has hecho esta oración por primera vez, nos gustaría
saber de usted. Nos puedes enviar un correo electrónico a
contact@hunter-entertainment.com y nos gustaría
orar con usted y ayudarle a encontrar una Iglesia local de
dónde se pueda congregar.

CONTÁCTANOS:

Hunter Entertainment Network™
Colorado Springs, Colorado

contact@hunter-entertainment.com

(253) 906-2160

www.hunterentertainmentnetwork.com

Facebook: Hunter Entertainment Network
Instagram: @hunter_entertainment_network
LinkedIn: Deborah G. Hunter
Personal FB: Deborah G. Hunter

OTHER BOOKS BY
DEBORAH G. HUNTER

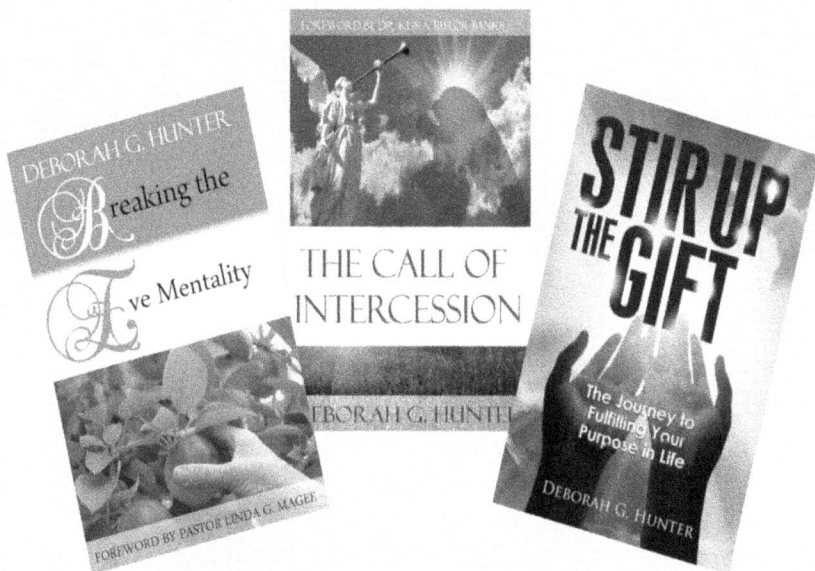

🌐 www.hunter-ent-net.com

f Hunter Entertainment Network

⊙ Hunter Entertainment Network

▶ Hunter Entertainment Network

AVAILABLE NOW @

OTHER BOOKS BY
DEBORAH G. HUNTER

www.hunter-ent-net.com

Hunter Entertainment Network

Hunter Entertainment Network

Hunter Entertainment Network

AVAILABLE NOW @

amazon   BARNES &NOBLE   BAM! BOOKS-A-MILLION   Hunter ENTERTAINMENT NETWORK

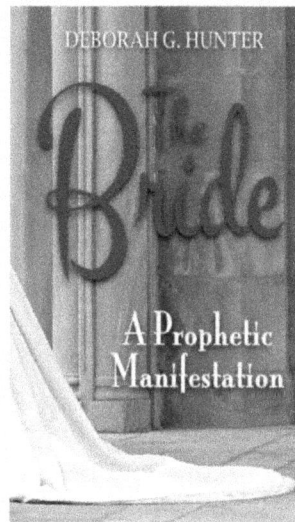